Representações Performáticas Brasileiras:

Teorias, práticas e suas interfaces

Org.
Marcos Antônio Alexandre

Representações Performáticas Brasileiras:

Teorias, práticas e suas interfaces

MAZA
edições

Capa
Túlio Oliveira

Diagramação
Pablo Guimarães

Revisão
Ana Emília de Carvalho

R425 Representações performáticas brasileiras: teorias, práticas e suas interfaces / Marcos Antônio Alexandre (organizador).– Belo Horizonte : Mazza Edições, 2007.
224 p.; 16x23 cm.

ISBN 978-85-7160-434-6

1. Sociologia – Antropologia. 2. Cultura popular. 3. Cultura Afro-Brasileira. 4. Religião-Pesquisa.

CDD: 301.2981
CDU: 361(981)

Produção gráfico-editorial
Mazza Edições Ltda.
Rua Bragança, 101 – Bairro Pompéia – *Telefax:* (31) 3481-0591
30280-410 Belo Horizonte – MG
e-mail: edmazza@uai.com.br • www.mazzaedicoes.com.br

Agradecimentos

Agradeço o apóio financeiro da Fundação de Amparo à Pesquisa do Estado de Minas Gerais (FAPEMIG) e da Pesquisa registrada Pró-Reitoria de Pesquisa – Universidade Federal de Minas Gerais (PRPq-UFMG), sem o qual este projeto não poderia ter sido realizado.

A todos os autores e autoras que compartilharam as suas pesquisas comigo durante o desenvolvimento do projeto e que colaboram para a concretização deste livro: Adélcio de Sousa Cruz, Anízio Vianna, Conceição Evaristo, Denise Mancebo Zenicola, Eduardo de Assis Duarte, Florentina Souza, Jussara Santos, Zeca Ligiéro e Zoraide Portela Silva.

Aos membros da família Alcântara – especialmente, Cassimira Tomé Alcântara, Ivone de Fátima Alcântara e Pedro Alcântara, que, gentilmente, me acolheram em sua sede para me conceder a entrevista aqui publicada.

Agradecimentos especiais a Graciela Ravetti e Sara Rojo, pela amizade, companheirismo, por se fazerem constantes na minha vida pessoal e acadêmica e, principalmente, pela escrita generosa dos textos que abrem e fecham este livro.

SUMÁRIO

APRESENTAÇÃO 9

PREFÁCIO 11
Sara Rojo

PARTE I — MEMÓRIA E *ESCREVIVÊNCIA*

1. DA GRAFIA-DESENHO DE MINHA MÃE, UM DOS LUGARES DE NASCIMENTO DE MINHA ESCRITA 16
Conceição Evaristo

2. O *BILDUNGSROMAN* AFRO-BRASILEIRO DE CONCEIÇÃO EVARISTO 22
Eduardo de Assis Duarte

3. MEMÓRIA E *PERFORMANCE* NAS CULTURAS AFRO-BRASILEIRAS 30
Florentina Souza

PARTE II — O CORPO EM *PERFORMANCE*, A ARTE E A POESIA: O PROFANO E O SAGRADO

4. ARTES DO CORPO: DESENHANDO UM ESPAÇO SAGRADO 42
Zeca Ligiéro

5. DO VERDE DE OXÓSSI AO OURO DE OXUM: O RITUAL RELIGIOSO NA POÉTICA DE JOSÉ CARLOS LIMEIRA 60
Zoraide Portela Silva

6. PALAVRA POÉTICA EM TRANSE/TRÂNSITO: MANIFESTAÇÕES PELOS SETE BURACOS DA MINHA CABEÇA 86
Jussara Santos

Parte III – Teatro, Dança, Música – *Poiesis* e *Performance*

7. DANÇA DE MALANDROS E MULATAS 106
Denise Mancebo Zenicola

8. AFRO-BRASILIDADE URBANA: POÉTICA DA DIÁSPORA EM PERFORMANCE 120
Adélcio de Sousa Cruz

9. PERFORMANCE-CIDADÃ 139
Anízio Vianna

10. "NEGRO QUE TE QUERO NEGRO": FORMAS DE REPRESENTAÇÃO DO AFRO-BRASILEIRO 159
Marcos Antônio Alexandre

11. ENTREVISTA COM MEMBROS DA FAMÍLIA ALCÂNTARA 203

POSFÁCIO – SABERES NEGROS: OS ARGUMENTOS DO CORPO INVISÍVEL 209
Graciela Ravetti

SOBRE OS AUTORES 215

Apresentação

Este livro é o resultado de um projeto de pesquisa de recém-doutor, desenvolvido entre março de 2005 a fevereiro de 2007. O projeto se propôs a realizar uma investigação sobre as distintas formas de apropriação e representação da cultura, dos mitos e dos rituais afro-brasileiros em manifestações performáticas nas suas distintas acepções, tendo como foco de fonte de pesquisa os seguintes centros urbanos brasileiros: Belo Horizonte (assim como uma cidade do interior de Minas Gerais, João Monlevade), Rio de Janeiro e Salvador.

Este trabalho surge dentro de um contexto acadêmico que busca estabelecer um diálogo com a sociedade brasileira, retratando aqueles sujeitos que se vêem, na nossa contemporaneidade, enfrentados ao mundo globalizado e dito pós-moderno, com toda a sua falta de utopias e descrenças no conceito de totalidade, nas grandes narrativas, nas verdades absolutas e nos fundamentos sólidos para a existência humana. O foco de análise dos textos que incluem o livro é o afro-brasileiro – independentemente da nomenclatura utilizada: negro, afrodescendente – e a sua representação em distintas práticas artísticas (artes plásticas, dança, literatura e música) e religiosas. Neste sentido, não se preocupou em definir uma postura crítica unilateral para se discutir e definir a questão do negro e da sua cultura, mas sim houve a preocupação em fazer desse sujeito – marcado pela "diferença" e pela "subalternidade" – e de seu discurso cultural, corporal e ideológico elemento identitário.

As teorias da *performance*, em suas diferentes acepções teóricas, assim como os conceitos de memória – individual, coletiva, corporal, *escrevivência* (conceito proposto por Conceição Evaristo) – e ritual estiveram presentes como recursos teóricos fomentadores dos textos que compõem *Representações Performáticas Brasileiras: teorias, práticas e suas interfaces*, que, por questões conceituais, foi dividido em três partes: "Memória e escrevivência"; "O corpo em performance, a arte e a poesia: o profano e o sagrado" e "Teatro, dança, música – *poiesis* e *performance*". Partes essas que se entrecruzam, uma vez que todas as abordagens passam pela discussão da cultura afro-brasileira com toda a sua cosmogonia, mediação simbólica, modulações sonoras e práticas ritualísticas, gestuais e corporais.

Marcos Antônio Alexandre

PREFÁCIO

Há algum tempo, meu colega e amigo Marcos Antônio Alexandre me solicitou que escrevesse o prefácio de seu livro *Representações performáticas brasileiras: teorias, práticas e suas interfaces.* Senti orgulho e prazer, mas devo reconhecer que esses sentimentos conviveram com um frio na barriga. De alguma maneira, sentia que o fato de ser estrangeira, mistura de índio com espanhol, e sem um percurso sólido de pesquisa na temática afro-brasileira me deixava em desvantagem; mas, por outro lado, como acredito que nós, latino-americanos, devemos aprender a pensar a partir de todos os referenciais que nos constituem, aceitei o desafio.

O livro está dividido em três partes: I – Memória e escrivência; II – O corpo em *performance*, a arte e a poesia: o profano e o sagrado; e III – Teatro, dança, música – *poiesis* e *performance.* As três em seu conjunto abrangem o universo da cultura afro-brasileira de uma maneira nova.

O primeiro artigo dá o tom do conjunto da obra. Conceição Evaristo, em *Da grafia-desenho de minha mãe, um dos lugares de Nascimento de minha escrita*, mistura a ficção com a crítica. Esse exercício escritural joga por terra a fronteira entre ambas as correntes; nele se discute o lugar da escrita, mas a partir do próprio corpo do sujeito-objeto do enunciado: "Escrever pressupõe um dinamismo próprio do sujeito da escrita, proporcionando-lhe a sua auto-inscrição no interior do mundo. E, em se tratando de um ato empreendido por mulheres negras, que historicamente transitam por espaços culturais diferenciados dos lugares ocupados pela cultura das elites, escrever adquire um sentido de insubordinação" (p. 20-21).

O segundo texto, de Eduardo de Assis Duarte, fornece informações que permitem a um leitor desavisado ter uma aproximação contextualizada sobre o primeiro texto, pois focaliza a pesquisa no *bildungsroman* afro-brasileiro de Conceição Evaristo.

No terceiro, *Memória e performance nas culturas afro-brasileiras*, a autora direciona o seu olhar, como o mesmo nome o indica, "às leituras do passado realizadas a partir das lembranças" (p. 30). A ênfase não está, assim, na discussão do que seria a memória, mas sim nas formas em que as tradições dizimadas aprenderam a se relacionar e se reconstruir, seja no enfrentamento ou no diálogo, com as culturas hegemônicas.

Este primeiro bloco abre, portanto, uma discussão sobre a escrita e seu lugar de enunciação social, identitário e étnico. O mais interessante é que parte com um texto, o de Conceição Evaristo, que exerce, na prática, o debate teórico proposto pelo conjunto de textos provocando, assim, a partir do objeto em questão, uma discussão sobre o lugar da crítica e da ficção. Podemos seguir entendendo ambos os espaços como domínios que não se misturam quando – como no caso de Conceição Evaristo – a letra nasce do próprio corpo?

A segunda parte está constituída também por três artigos, *Arte do corpo como espaço sagrado*, de Zeca Ligiéro; *Do verde de Oxóssi ao ouro de Oxum: o ritual religioso na poesia de José Carlos Limeira*, de Zoraide Portela Silva; e *Palavra poética em transe/trânsito: manifestações pelos sete buracos da minha cabeça*, de Jussara Santos. O primeiro traz uma aguda reflexão sobre a presença de valores e estéticas africanas em artistas que não fazem parte do grupo considerado afrodescendente. É interessante observar que a nova perspectiva oferecida por este autor na sua análise permite observar que o que, muitas vezes, foi visto apenas como modelo, por exemplo, nos artistas da modernidade brasileira, é presença de uma cultura que espalha seus ritmos e formas além do que a historiografia oficial brasileira lhe reconhece como seu espaço. O estudo de Zeca Ligiéro termina com a observação de que a análise das produções de Aleijadinho, Mestre Valentim, Tarsila de Amaral e Hélio Oiticica permitem observar que "o corpo enquanto espaço sagrado extrapola o cotidiano e articula movimento, cor e vibração de forma pouco conhecida pela arte ocidental" (p. 56-57). Dessa maneira, o texto evidencia por um viés diferente que somos um construto filosófico, étnico e estético das diversas culturas que nos conformam.

O segundo texto, partindo da poesia de José Carlos Limiera, assinala que também no campo da religiosidade a construção étnica é "um jogo de permutas, manipulações e estratégias de diferença e semelhança" (p. 66). Nessa mesma parte, está o artigo de Jussara Santos, que reflete sobre a forma que a poesia de Edimilson de Almeida Pereira incorpora a mitologia iourubá, entendendo que essa é uma forma dialógica "de o negro posicionar-se no mundo" (p. 93).

Dessa forma, ainda que os três textos deste bloco caminhem na mesma direção – o processo pelo qual as identidades brasileiras incorporam o legado das culturas afro-brasileiras –, eles permitem observar que as enunciações se diferenciam de acordo com o processo do qual surgem. A ênfase dos artigos conduz a pensar que os discursos se apropriam do legado da cultura afro-brasileira de acordo com os diferentes lugares de enunciação, entendendo como parte deles: ideologias, etnia e identidades.

A terceira parte do livro é a mais extensa: quatro textos que abrangem desde o corpo mitificado da mulata e do malandro, até as *performances* musicais, corporais e teatrais. É interessante a análise que faz Denise Mancebo Zenicola, em *Dança de malandros e de mulatas,* do deslocamento, dentro do processo de branqueamento, da mãe negra que preserva os valores à mulata sedutora e do malandro ao mulato regenerado branco. A autora assinala que, nesse processo, esses mitos perdem em conhecimento, sabedoria e origem, transformando, por um lado, o sujeito feminino mulata em objeto – "aceita enquanto jovem e desfrutável, como fruta para ser comida por qualquer um [...] velha perde utilidade" (p. 112) –, e por outro, ao malandro – que pressionado pelas políticas sociais do Estado Novo e na medida que embranquece – em o mulato regenerado. Mas, contudo, a resistência aparece no Samba de Gafieira na qual os corpos revelam as tradições africanas.

O segundo texto centra-se na afrobrasilidade urbana. Para Adélcio de Sousa Cruz, em *Afrobrasililade urbana: poética da diáspora em performance,* o resgate do passado provoca nas *performances* "uma tensão permanente tanto em relação à tradição quanto à "modernidade" (p. 122), pois carregam o conflito e o consenso. O autor coloca que temos que duvidar da idéia de que conspiração e conciliação se excluem mutuamente.

O texto de Anízio Vianna, *Performance cidadã,* tem como eixo o *rap*, entendido pelo autor como uma performance gerada pela expressão de uma palavra, um som e um corpo reprimidos que procuram redefinir seu espaço a partir de suas próprias necessidades. O *rap* comunica a seus espectadores-corpos esse novo referencial e, assim, transforma-se numa estética afirmativa.

Finalmente, temos o texto do organizador do livro *"Negro que te quero negro": formas de representação do afro-brasileiro,* acompanhado de uma entrevista com a família Alcântara. Marcos Alexandre realiza um percurso por diversas expressões artísticas: poesia, teatro, sincretismo religioso e *performance* em função de assinalar a importância das manifestações culturais que resgatam a cultura afro-brasileira, pois permitem, entre outras coisas, questionar a idéia de uma identidade brasileira coesa. Mesmo com uma "ascendência negra que se dilui nas miscigenações" (p. 196), essas práticas e suas análises "fomentam a questão da inclusão que, sem sombra de dúvidas, é muito mais que social, é diaspórica, lingüística, identitária, política e, principalmente, humana" (p. 196).

Este último capítulo, a partir de produções artísticas específicas, questiona nosso olhar para a Arte exclusivamente a partir dos parâmetros ocidentais. O cânone de autores como Harold Blomm não pode ser nosso referencial como críticos latino-americanos. Temos a necessidade de construir nossa crítica nas trocas violentas ou dialógicas que constroem nossa cultura. Este livro nasce como um aporte fundamental dentro dessa linha de pensamento.

Sara Rojo
Professora Associada
UFMG/CNPq

PARTE I

MEMÓRIA E *ESCREVIVÊNCIA*

I. DA GRAFIA-DESENHO DE MINHA MÃE, UM DOS LUGARES DE NASCIMENTO DE MINHA ESCRITA

Conceição Evaristo

Talvez o primeiro sinal gráfico que me foi apresentado como escrita tenha vindo de um gesto antigo de minha mãe. Ancestral, quem sabe? Pois de quem ela teria herdado aquele ensinamento, a não ser dos seus, os mais antigos ainda? Ainda me lembro: o lápis era um graveto, quase sempre em forma de uma forquilha, e o papel era a terra lamacenta, rente às suas pernas abertas. Mãe se abaixava, mas antes cuidadosamente ajuntava e enrolava a saia, para prendê-la entre as coxas e o ventre. E de cócoras, com parte do corpo quase alisando a umidade do chão, ela desenhava um grande sol, cheio de infinitas pernas. Era um gesto solene, que acontecia sempre acompanhado pelo olhar e pela postura cúmplice das filhas, eu e minhas irmãs, todas nós ainda meninas. Era um ritual de uma escrita composta de múltiplos gestos, em que todo o corpo dela se movimentava e não só os dedos. E os nossos corpos também, que se deslocava no espaço acompanhando os passos de mãe em direção à página-chão em que o sol seria escrito. Aquele gesto de movimento-grafia era uma simpatia para chamar o sol. Fazia-se a estrela no chão.

Na composição daqueles traços, na arquitetura daqueles símbolos, alegoricamente ela imprimia todo o seu desespero. Minha mãe não desenhava, não escrevia somente um sol, ela chamava por ele, assim como os artistas das culturas tradicionais africanas sabem que as suas máscaras não *representam* uma entidade, elas *são* as entidades esculpidas e nomeadas por eles. E no círculo-chão, minha mãe colocava o sol, para que o astro se engrandecesse no infinito e se materializasse em nossos dias. Nossos corpos tinham urgências. O frio se fazia em nossos estômagos. Na nossa pequena casa, roupas molhadas, poucas as nossas e muitas as alheias, isto é, das patroas, corriam o risco de mofarem acumuladas nas tinas e nas bacias. A chuva contínua retardava o trabalho e pouco dinheiro, advindo dessa tarefa, demorava mais e mais no tempo. Precisávamos do tempo seco para enxugar a preocupação da mulher que enfeitava a madrugada com lençóis arrumados um a um nos varais, na corda bamba da vida. Foi daí, talvez, que eu descobri a função, a urgência, a dor, a necessidade e a esperança da escrita. É preciso comprometer a vida com a escrita ou é o inverso? Comprometer a escrita com a vida?

Mais um momento, ainda bem menina, em que a escrita me apareceu em sua função utilitária e, às vezes, até constrangedora, era no momento da devolução das roupas limpas. Uma leitura solene do rol acontecia no espaço da cozinha das senhoras:

– 4 lençóis brancos,
– 4 fronhas,
– 4 cobre-leitos,
– 4 toalhas de banho,
– 4 toalhas de rosto,
– 2 toalhas de mesa,
– 15 calcinhas,
– 20 toalhinhas,
– 10 cuecas,
– 7 pares de meias, etc., etc., etc.

As mãos lavadeiras, antes tão firmes no esfrega-torce e no passa-dobra das roupas, ali diante do olhar conferente das patroas, naquele momento se tornavam trêmulas, com receio de terem perdido ou trocado alguma peça. Mãos que obedeciam a uma voz-conferente. Uma mulher pedia, a outra entregava. E quando eu, menina, testemunhava as toalhinhas antes embebidas de sangue, e depois, já no ato da entrega, livres de qualquer odor ou nódoa, mais a minha incompreensão diante das mulheres brancas e ricas crescia. As mulheres de minha família, não sei como, no minúsculo espaço em que vivíamos, segredavam seus humores íntimos. Eu não conhecia o sangramento de nenhuma delas. E quando em meio às roupas sujas, vindas para a lavagem, eu percebia calças de mulheres e minúsculas toalhas, não vermelhas, e sim sangradas do corpo das madames, durante muito tempo, pensei que as mulheres ricas urinassem sangue de vez em quando.

Foram, ainda, essas mãos lavadeiras, com seus sóis riscados no chão, com seus movimentos de lavar o sangue íntimo de outras mulheres, de branquejar a sujeira das roupas dos outros, que desesperadamente seguraram em minhas mãos. Foram elas que guiaram os meus dedos no exercício de copiar meu nome, as letras do alfabeto, as sílabas, os números, difíceis deveres de escola, para crianças oriundas de famílias semi-analfabetas. Foram essas mãos também que folheando, comigo revistas velhas, jornais e poucos livros que nos chegavam recolhidos dos lixos ou recebidos das casas dos ricos, que aguçaram a minha curiosidade para a leitura e para a escrita. Daquelas mãos lavadeiras recebi também cadernos feitos de papéis de embrulho de pão, ou ainda outras folhas soltas, que, pacientemente costuradas, evidenciavam a nossa pobreza e distinguiam mais uma de nossas diferenças, em um grupo escolar que, nos anos 50, recebia a classe média alta belo-horizontina.

Das mãos lavadeiras, recebi ainda listas de mantimentos, palavras cifradas, preços calculados para não ultrapassar o nosso minguado orçamento (sempre ultrapassavam) e lá ia eu, menina, às tendinhas, aos armazéns e às padarias perto da favela para fazer compras. Nesse exercício de quase adivinhar os textos escritos produzidos por minha família, quem sabe o meu aprendizado para um dia caminhar pelas vias da ficção...

Ainda, uma de minhas tias, a que me criou, tinha por hábito anotar resumidamente, em folhas de papéis, datas e acontecimentos importantes, desde fatos relacionados à economia doméstica a acontecimentos sociais ou religiosos. Anotações familiares como:

> "A nossa última galinha-d'angola fugiu semana passada, isto é, no final do mês de novembro."
> "No dia 13 de dezembro, pus a galinha garnisé para chocar sobre nove ovos."

"Dona Etelvina de Seu Basílio voltou para São Paulo no dia 15 de agosto de 1965."

"Já paguei duas mensalidades para ajudar na festa da Capela do Rosário."

"Maria Inês, minha sobrinha, ficou noiva no dia 22 de junho de 1969."

E à medida que eu crescia e os meus conhecimentos também, alguns desses eventos passaram a ser registrados por mim, como também passou a ser de minha responsabilidade cuidar de meus irmãos menores na escola, acompanhar seus deveres, ir às reuniões escolares e transmitir os resultados para minha mãe. De meus irmãos, passei a acompanhar os deveres das crianças menores vizinhas. No pequeno quintal de nossa casa, debaixo das árvores, improvisei uma sala de aula. Das moedas que me eram dadas pelas mães gratas pelo desenvolvimento de seus filhos na escola, surgiam meu primeiro salariozinho. Riqueza que me permitia comprar ora o pão diário, ora açúcar, ora o leite do irmãozinho menor, ora um caderno para mim, e, às vezes, algum livrinho (revistinhas infantis, gibis, que não sei por que eu considerava como sendo livro) ou ainda obter uma alegria maior: doces, doces, doces...

Mas digo sempre: creio que a gênese de minha escrita está no acúmulo de tudo que ouvi desde a infância. O acúmulo das palavras, das histórias que habitavam em nossa casa e adjacências. Dos fatos contados a meia voz, dos relatos da noite, segredos, histórias que as crianças não podiam ouvir. Eu fechava os olhos fingindo dormir e acordava todos os meus sentidos. O meu corpo por inteiro recebia palavras, sons, murmúrios, vozes entrecortadas de gozo ou dor dependendo do enredo das histórias. De olhos cerrados, eu construía as faces de minhas personagens reais e falantes. Era um jogo de escrever no escuro. No corpo da noite.

Na origem da minha escrita, ouço os gritos, os chamados das vizinhas debruçadas sobre as janelas, ou nos vãos das portas contando em voz alta uma para as outras as suas mazelas, assim como as suas alegrias. Como ouvi conversas de mulheres! Falar e ouvir entre nós era talvez a única defesa, o único remédio que possuíamos. Venho de uma família em que as mulheres, mesmo não estando totalmente livres de uma dominação machista, primeira a dos patrões, depois a dos homens, seus familiares, raramente se permitiam fragilizar. Como “cabeça” da família, elas construíam um mundo próprio, muitas vezes distantes e independentes de seus homens e, mormente, para apoiá-los depois. Talvez por isso tantas personagens femininas em meus poemas e em minhas narrativas? Pergunto sobre isto, não afirmo.

Afirmo, porém, que foi do tempo/espaço que aprendi desde criança a colher as palavras. Não nasci rodeada de livros, do meu berço trago a propensão, o gosto para ouvir e contar histórias. A grande oportunidade para a leitura constante me chegou, quando eu, já quase mocinha, tinha a autonomia para ir e vir à Biblioteca Pública de Belo Horizonte, casa-tesouro, em que uma das minhas tias se tornou servente.

Se a leitura desde a adolescência foi para mim um meio, uma maneira de suportar o mundo, pois me proporcionava um duplo movimento de fuga e inserção no espaço em que eu vivia, a escrita também, desde aquela época, abarcava estas duas possibilidades. Fugir para sonhar e inserir-se para modificar. Essa inserção para mim pedia a escrita. E se inconscientemente desde pequena, nas redações escolares, eu inventava um outro mundo, pois dentro dos meus limites de compreensão, eu já havia entendido a precariedade da vida que nos era oferecida, aos poucos fui ganhando uma consciência. Consciência que compromete a minha escrita como um lugar de autoafirmação de minhas particularidades, de minhas especificidades como sujeito-mulher-negra.

E retomando à imagem da escrita diferencial de minha mãe, que surge marcada por um comprometimento de traços e corpo (o dela e os nossos), e ainda a um Diário escrito por ela, volto ao gesto em que ela escrevia o sol na terra e imponho a mim mesma uma pergunta: “O que levaria determinadas mulheres, nascidas e criadas em ambientes não letrados, e quando muito, semi-alfabetizados, a romperem com a passividade da leitura e buscarem o movimento da escrita?”

Tento responder. Talvez, estas mulheres (como eu) tenham percebido que se o ato de ler oferece a apreensão do mundo, o de escrever ultrapassa os limites de uma percepção da vida. Escrever pressupõe um dinamismo próprio do sujeito da escrita, proporcionando-lhe a sua auto-inscrição no interior do mundo. E, em se tratando de um ato empreendido por mulheres negras, que historicamente transitam por espaços culturais diferenciados dos lugares ocupados pela cultura das elites, escrever adquire um sentido de insubordinação. Insubordinação que se pode evidenciar, muitas vezes, desde uma escrita que fere "as normas cultas" da língua, caso exemplar o de Carolina Maria de Jesus, como também pela escolha da matéria narrada.

A nossa *escrevivência* não pode ser lida como histórias para "ninar os da casa-grande" e sim para incomodá-los em seus sonos injustos.

2. O *BILDUNGSROMAN* AFRO-BRASILEIRO DE CONCEIÇÃO EVARISTO[1]

Eduardo de Assis Duarte

> *Pajem do sinhô-moço, escravo do sinhô-moço, tudo do sinhô-moço, nada do sinhô-moço. Um dia o coronelzinho, que já sabia ler, ficou curioso para ver se negro aprendia os sinais, as letras de branco e começou a ensinar o pai de Ponciá. O menino respondeu logo ao ensinamento do distraído mestre. Em pouco tempo reconhecia todas as letras. Quando sinhô-moço se certificou que o negro aprendia, parou a brincadeira. Negro aprendia sim! Mas o que o negro ia fazer com o saber de branco? O pai de Ponciá Vicêncio, em matéria de livros e letras, nunca foi além daquele saber.*
>
> Conceição Evaristo. *Ponciá Vicêncio*

Conceição Evaristo nasceu em 1946, numa favela situada no alto da Avenida Afonso Pena, uma das áreas mais valorizadas da Zona Sul de Belo Horizonte. Com o tempo, barracos e moradores foram sendo removidos, a avenida ganhou um prolongamento, novos prédios se ergueram e os becos e as vielas da infância tiveram que se alojar na memória afetiva da futura escritora. Sua mãe, Dona Joana, depois de lavar e passar a roupa das freguesas, encontrava tempo para contar histórias aos pequenos e ainda lançar muitas delas em cadernos grafados a lápis. Zelosa, a filha guarda até hoje esses escritos e recorda a dura rotina de trabalho e estudo, exigência da mãe severa, preocupada com o futuro da prole de nove filhos.

Apesar de tudo, assim se fez: a menina cumpriu sua formação básica em escolas públicas da capital mineira, mas só terminou o antigo Curso Normal aos 25 anos. Pertencente a uma estirpe de cozinheiras, arrumadeiras e lavadeiras que serviram a tradicionais famílias da cidade, encontrou dificuldades imensas quando se dispôs a estudar. Muitas dessas famílias, temendo perder alguém que continuaria o trabalho de suas antigas domésticas, desencorajavam seus planos. Em depoimento, afirma a escritora:

> Enquanto trabalhava como doméstica e após concluir o Curso Normal, eu sonhava em dar aula em Belo Horizonte. Mas aí entra uma questão seriíssima. Em 1971, não havia concurso para o magistério e, para ser contratada como professora, era necessário apadrinhamento. E as famílias tradicionais para quem nós trabalhávamos não me indicariam e nunca indicaram; não imaginavam e não queriam para mim um outro lugar a não ser aquele que "naturalmente" me haviam reservado. Houve mesmo uma patroa de minha tia, numa casa em que eu ainda menina e já mocinha ia fazer limpeza, lavar fraldas de bebês, ajudar nas festas, entregar roupas limpas e buscar as sujas, que fez a seguinte observação: "Maria, não sei por que você se esforça tanto para a Preta estudar!"[2]

Logo depois, a jovem se transfere para o Rio de Janeiro, vence concurso público para o magistério e conquista uma vaga na Universidade Federal. A escolha do curso de Letras decorre da paixão que, desde cedo, dedica à literatura: na adolescência, Jorge Amado, José Lins, Carolina Maria de Jesus e tantos outros; mais tarde, Graciliano, Rosa, Drummond, Bandeira e, também, Solano Trindade, Abdias do Nascimento, Adão Ventura.

Nos anos 80, a autora toma conhecimento das atividades do Grupo Quilombhoje e da publicação, em São Paulo, da série *Cadernos Negros*. Este é um momento de efervescência dos movimentos pela igualdade racial, com mobilizações nas principais capitais brasileiras. É também tempo de descoberta da escrita literária como trabalho de processamento e depuração, com rascunhos e mais rascunhos recheando suas gavetas.

Em 1990, o número 13 de *Cadernos Negros* traz impressos os primeiros poemas de Conceição Evaristo; dentre eles, o conhecido *Vozes-mulheres*, que figura até hoje como espécie de manifesto-síntese de sua poética:

> A voz de minha bisavó ecoou
> criança
> nos porões do navio.
> Ecoou lamentos
> de uma infância perdida.
> A voz de minha avó
> ecoou obediência
> aos brancos donos de tudo.
> A voz de minha mãe
> ecoou baixinho revolta
> no fundo das cozinhas alheias
> debaixo das trouxas
> roupagens sujas dos brancos
> pelo caminho empoeirado
> rumo à favela.
> A minha voz ainda
> ecoa versos perplexos
> com rimas de sangue
> e
> fome.
> A voz de minha filha
> recolhe todas as nossas vozes
> recolhe em si
> as vozes mudas caladas
> engasgadas nas gargantas[3].

Os versos enfatizam a necessidade do eu poético de falar por si e pelos seus. Esse sujeito de enunciação, ao mesmo tempo individual e coletivo, caracteriza não apenas os escritos de Conceição Evaristo, mas da grande maioria dos autores afro-brasileiros, voltados para a construção de uma imagem do povo negro infensa aos estereótipos e empenhada em não deixar esquecer o passado de sofrimentos, mas, igualmente, de resistência à opressão. Essa presença do passado como referência para as demandas do presente confere à escrita dos afrodescendentes uma dimensão histórica e política específica, que a distingue da literatura brasileira *tout court*.

A vontade de aprofundar conhecimentos e aprimorar seu ofício leva a autora à pós-graduação. Evaristo ingressa no Mestrado em Letras da Pontifícia Universidade Católica do Rio de Janeiro, onde defende, em 1996, a dissertação *Literatura Negra: uma poética da nossa afro-brasilidade*. Mais tarde, é a vez do doutorado em Literatura Comparada, na Universidade Federal Fluminense, cuja pesquisa de tese contempla a produção de autores africanos de língua portuguesa em confronto com a literatura afro-brasileira.

Desde então, a série *Cadernos Negros* vem publicando seus escritos, que logo se destacam pela forma poética com que representa a crueldade do cotidiano dos excluídos. A mescla de violência e sentimento, de realismo cru e ternura revela o compromisso e a identificação da intelectual afrodescendente com os irmãos colocados à margem do desenvolvimento. Dessa postura surgem personagens como: Di Lixão, menino de rua e filho de uma prostituta assassinada; Ana Davenga, favelada cujo aniversário é interrompido pelos tiros da polícia; Duzu-Querença, migrante desterrada e prostituída; ou ainda como a empregada Maria, linchada pelos "pacatos cidadãos" da metrópole globalizada após escapar de um assalto num ônibus, por ser ex-mulher de um dos bandidos. A linguagem desses contos, pautada por surpreendentes irrupções de violência, distingue-se, todavia, dos procedimentos de um Rubem Fonseca, por exemplo, devido à adoção daquele *ponto de vista interno* que, mais tarde, Roberto Schawarz saudaria como o grande mérito de *Cidade de Deus*, de Paulo Lins.

Em *Ponciá Vicêncio*, já em segunda edição e com lançamento previsto para esse ano de 2007 nos Estados Unidos, a autora retoma o procedimento – que arriscaria chamar de *brutalismo poético* – ao narrar, numa linguagem concisa e densa de sentido, a vida de uma mulher oriunda do mundo rural, desde a infância até a "maturidade" desterritorializada na favela em que vegeta junto com o companheiro. A narrativa configura-se como um *bildusgsroman* feminino e negro ao dramatizar a busca quase intemporal da protagonista, a fim de recuperar e reconstituir família, memória, identidade. No entanto, o ímpeto antropofágico se faz presente na postura de rasurar o modelo europeu para conformá-lo às peculiaridades da matéria representada. Assim, a apropriação feita por Conceição Evaristo ganha contornos paródicos, pois em lugar da trajetória ascendente do personagem em formação, oriunda de Goethe e tantos mais, o que se tem é um percurso de perdas materiais, familiares e culturais. E, em lugar da linearidade triunfante do herói romanesco, temos uma narrativa complexa e entrecortada, a mesclar de forma tensa passado e presente, recordação e devaneio.

Descendente de escravos africanos, já de início Ponciá surge despojada do nome de família, pois o "Vicêncio" que todos os seus usam como sobrenome provém do antigo dono da terra e era como "lâmina afiada a torturar-lhe o corpo". Essa marca de subalternidade, que denuncia a ausência entre os remanescentes de escravos dos mínimos requisitos de cidadania, estende-se pelo penoso circuito de vazios e derrotas no qual tanto a menina quanto a mulher vão sendo alijadas dos entes queridos e de tudo o que possa significar enraizamento identitário. E depois de perder também os sete filhos que gerou, Ponciá cai na letargia que a faz perder-se de si mesma.

O interesse da narrativa cresce justamente nos gestos de resistência a esse processo de espoliação. Nele, vão surgindo as histórias dolorosas como a do pai, que, quando criança e já no período posterior à Lei Áurea, tinha que ser o pajem do filho do patrão, o cavalo no qual este montava, e até aparar com a boca o mijo do sinhô-moço... A passagem retoma de forma ampliada e crua a cena do menino *Brás Cubas*, de Machado de Assis, reposicionando-a num nível inédito de violência. Já o avô, suicida frustrado, decepara parte do braço e matara a própria esposa depois de ver quatro de seus filhos serem vendidos em plena vigência da Lei do Ventre Livre... Essas histórias surgem desgarradas umas das outras, e vão sendo evocadas em meio aos hiatos de racionalidade da protagonista. Formam, todavia, uma rede discursiva pela qual se recupera a memória de uma dor que é física e moral, individual e coletiva. E o corpo feito de ausências de Ponciá se recupera na arte da cerâmica, reatando no barro moldado o fio da existência. A terra, antes paliativo para a fome da menina, passa à matéria-prima para a afirmação da mulher. Ao final, o desterro na cidade grande se ameniza no reencontro com a mãe e o irmão, que parece pôr fim à errância sofrida da personagem.

Herdeira da memória familiar, Ponciá Vicêncio segue os passos de Conceição Evaristo, também esta herdeira de uma forte linhagem memorialística existente na literatura afro-brasileira. Como Maria Firmina dos Reis e Carolina Maria de Jesus, Conceição traz a narrativa dos despojados da liberdade, mas não da consciência. E a repetição insistente dessa presença desvalida nos incomoda e nos diz de uma aurora ainda à espera do sol... A fala diaspórica desses condenados da terra se articula de forma sincrônica e *a posteriori*, desconhecendo a encarnação do espírito de nacionalidade que marca boa parte da literatura canônica.

Exemplo de romance afro-brasileiro, *Ponciá Vicêncio* polemiza com a tese segundo a qual a escrita dos descendentes de escravos estaria restrita ao conto e à poesia... Em que consistiria esse romance? Se entendido como texto de autoria afrodescendente, tratando de tema vinculado à presença desse segmento nas relações sociais vividas no país, a partir de uma perspectiva identificada politicamente com as demandas e com o universo cultural afro-brasileiro e destacando ainda o protagonismo negro nas ações, em especial aquelas em que se defronta com o poder e com seus donos, não há dúvida de que *Ponciá Vicêncio* não só preenche tais requisitos, como ocupa o lugar supostamente vazio do romance afro-brasileiro.

No entanto, o texto de Conceição Evaristo não é exemplo único e tem, sim, seus precursores. Além de estabelecer um saudável contraponto com o abolicionismo branco do século XIX e com o negrismo modernista de um Jorge Amado, um José Lins do Rego ou Josué Montello, *Ponciá Vicêncio* remete ao *Isaías Caminha*, de Lima Barreto; em menor escala, ao *Brás Cubas*, de Machado de Assis; e, com certeza, ao memorialismo de Carolina Maria de Jesus e ao *Ai de vós*, de Francisca Souza da Silva, entre outros.

A narrativa de Conceição Evaristo filia-se, portanto, a esse veio afro-descendente que mescla história não-oficial, memória individual e coletiva com invenção literária, iniciado com a publicação de *Úrsula*, em 1859. O texto de Maria Firmina dos Reis, a exemplo da poesia satírica de seu contemporâneo Luiz Gama, destoa cabalmente do projeto literário romântico, empenhado na missão conservadora de unir o país assolado pelas recentes revoltas separatistas, através do reforço literário das narrativas e dos conceitos de nação e de identidade nacional. O texto de *Úrsula*, ao contrário das ficções de fundação comuns em seu tempo, recusa-se a propagar a ideologia de uma identidade nacional una e coesa, que apaga as diferenças e naturaliza hierarquias. Em vez disso, enfatiza a diferença étnica transformada em desigualdade social e subalternizada pelo escravismo. Ao colocar o negro como referência axiológica de seu texto, verdadeiro exemplo para personagens e leitores brancos; e ao inscrever senhores e escravos como "filhos de Deus" e "irmãos" perante os desígnios divinos, a escritora maranhense apropria-se da moral hegemônica para desmascarar o rebaixamento dos afrodescendentes.

A vertente inaugurada por Maria Firmina dos Reis, contemplando o resgate de uma memória coletiva apagada pelo discurso colonial, terá seqüência, em seus diversos matizes, na prosa afro-brasileira: passa por Cruz e Souza e por Lima Barreto; por Ruth Guimarães e por Carolina Maria de Jesus; e deságua em autores contemporâneos, tais como Oswaldo de Camargo, Geni Guimarães, Conceição Evaristo e tantos outros. Em seu conto *Metamorfose*, Geni Guimarães vale-se da própria história de vida para "ficcionalizar" a autoflagelação de uma menina que busca clarear a pele, esfolando-a com o pó de tijolo moído usado pela mãe para lavar as panelas tisnadas no fogão a lenha... Num depoimento recente, a autora surpreendeu o público ao exibir as cicatrizes deixadas pela atabalhoada tentativa da criança. Sintomaticamente, o conto termina num desabafo: "Só ficaram as chagas da alma esperando"[4].

Irmanado a essa vertente afro, o texto de *Ponciá Vicêncio* destaca-se também pelo *território feminino* de onde emana um olhar outro e uma discursividade específica. É desse lugar marcado, sim, pela etnicidade, que provém a voz e as vozes-eco das correntes arrastadas. Vê-se que no romance fala um *sujeito étnico*, com as marcas da exclusão inscritas na pele, a percorrer nosso passado em contraponto com a história dos vencedores e seus mitos de cordialidade e democracia racial. Mas, também, fala um *sujeito gendrado*, tocado pela condição de ser mulher e negra num país que faz dela vítima de olhares e ofensas nascidas do preconceito. Esse ser construído pelas relações de gênero se inscreve de forma indelével no romance de Conceição Evaristo, que, sem descartar a necessidade histórica do testemunho, supera-o para torná-lo perene na ficção.

Notas:

[1] Este texto retoma parte do trabalho apresentado no XI Seminário Nacional Mulher & Literatura, realizado no Rio de Janeiro, em 2005.

[2] Depoimento de Conceição Evaristo concedido a Eduardo de Assis Duarte, em 2/3/2006.

[3] EVARISTO. *Cadernos Negros*, n. 13, 1990, p. 32-33.

[4] GUIMARÃES. *Leite do peito*, p. 71.

Referências

EVARISTO, Conceição. *Ponciá Vicêncio*. 2. ed. Belo Horizonte: Mazza Edições, 2005.

GUIMARÃES, Geni. *Leite do peito*. São Paulo: Fundação Nestlé de Cultura, 1988.

GUIMARÃES, Ruth. *Água funda*. 2. ed. rev. Rio de Janeiro: Nova Fronteira, 2003.

REIS, Maria Firmina dos. *Úrsula*. 4. ed. Organização, atualização e posfácio de Eduardo de Assis Duarte. Florianópolis: Ed. Mulheres; Belo Horizonte: Ed. PUC Minas, 2004.

CADERNOS NEGROS. São Paulo: Quilombhoje, n.13, 1990.

3. MEMÓRIA E *PERFORMANCE* NAS CULTURAS AFRO-BRASILEIRAS

Florentina Souza

Às vezes, pensamos em memória como repetição exata, outras como evocações nem sempre precisas; entretanto, de todo modo, a memória, no discurso cotidiano, está sempre associada ao passado, ou melhor, às leituras do passado realizadas a partir das lembranças cujos vazios preenchemos com as nossas experiência e criatividade.

Os historiadores, por exemplo, discutem com freqüência as suas ligações com a memória, enfatizando o caráter documental das memórias com que lidam; os agentes culturais e os artistas, por seu turno, também lidando com a memória, ressaltam sempre a ambivalência de suas relações com os documentos – relações em que a reconstrução criativa tem um papel relevante.

A história das culturas afrodescendentes é tradicionalmente marcada por embates e discussões que envolvem reflexões sobre a temática da memória, da história, da identidade e das *performances*. Este debate tem seus marcos originais na história do tráfico e na existência de um ritual que envolvia circular em torno da "árvore do esquecimento" para garantir a imunidade ao "banzo" e, principalmente, o apagamento dos nomes e das tradições culturais daqueles que seriam embarcados à força para a diáspora. Assim, as várias tradições culturais africanas da diáspora sempre lidaram com esforços individuais e coletivos de guarda e preservação, reconstituição e reorganização de pedaços, narrativas, cânticos e *performances*, tecidos e traços, plantas e costumes entre outras bagagens que, junto com os corpos e almas, atravessaram o Atlântico.

Na diáspora forçada, fugindo à coisificação imposta pela escravização, os africanos e afrodescendentes costuraram e teceram identidades e, a partir da memória, reorganizaram suas vidas desenhando novas configurações culturais advindas da sua situação em terras estrangeiras. Enfaticamente, no campo da música, da dança e de religiosidade, as tradições culturais permaneceram como espaços privilegiados de memória e de recriação, o que faz das performances um dos elementos significativos na transmissão, circulação e reconfiguração da memória dos afrodescendente.

É ponto pacífico entre os estudiosos de questões relativas à afrodescendência que os discursos identitários de toda e qualquer ordem se sedimentam em realidades sociais e políticas, em momentos nos quais a idéia de comunidade organizada a partir de bases simbólicas eleitas e aceitas como definidoras do perfil do grupo se vê ameaçada. Foi assim com as comunidades imaginadas nacionais e ocorre de modo semelhante com as comunidades étnicas ou de gênero, por exemplo. Cada grupo seleciona e elege alguns elementos que comporão a sua memória, ou os seus lugares de memória. Estes lugares serão meticulosamente construídos e, em geral, ritualizados com vistas a torná-los simultaneamente únicos, repetíveis e atualizáveis. As memórias dos afrodescendentes foram forjadas em tensões constantes, apropriações e reapropriações espontâneas ou obrigatórias e utilizadas como marcas de um passado a ser evocado para constituição de um repertório de resistência e de identidade. Obrigadas a conviver com culturas diversas na diáspora, estas tradições aprenderam a se relacionar com as demais culturas africanas e ainda com as culturas dos colonizadores e a se recompor nestes diálogos.

A música, a voz, os gestos, os contos e cantos sempre constituíram fundamentos das produções culturais de origem africana e viramse, por vezes, submetidos à depreciação pelos paradigmas críticos centrados na supervalorização dos modelos eurocêntricos fincados em discursos prestigiados por transitarem em espaços ditos da hegemonia do racional e da máxima objetividade. Laura Padilha, falando sobre ficção angolana, chama a atenção para o fato de que em toda a África a voz do contador de histórias "libera a força do seu imaginário e a do seu grupo, fazendo do processo de recepção um ato coletivo" e continua a autora: "A milenar arte da oralidade difunde as vozes ancestrais, procura manter a lei do grupo, fazendo-se, por isso, um *exercício de sabedoria*"[1]. Um exercício de sabedoria e de memória que se mostrou de extrema produtividade na transmissão e preservação de contos, procedimentos rituais, cantos e tradições que só sobreviveram até a presente data justamente porque os ancestrais acreditaram na memória e na oralidade como instrumentos privilegiados na correia de transmissão de conhecimentos e saberes. No campo das tradições religiosas do candomblé, da umbanda, das congadas, pode-se observar uma série de exemplos de releitura de gestos, movimentos, códigos secretos e rituais que foram/são memorizados, reinterpretados e transmitidos pela "escola da oralidade" em exercícios constantes de memória e de sabedoria.

Com aguda sensibilidade, a poeta e romancista Conceição Evaristo também constrói em vários poemas seus uma linhagem de falas e cantos que reinterpretam e atualizam histórias e a história do país – que, reitero, constrói-se com vozes e gestos, canto e poesia que narram episódios que envolvem amores, separações, resistência, sacrifícios, lutas e vitórias como pode ilustrar o poema V*ozes mulheres*, de sua autoria:

"A voz da minha bisavó ecoou
Criança
Nos porões do navio
[...]
A voz da minha avó
Ecoou obediência
Aos brancos-donos de tudo.

A voz de minha mãe
Ecoou baixinho revolta
No fundo das cozinhas alheias
Debaixo das trouxas
[...]
A minha voz ainda
Ecoa versos perplexos
Com rimas de sangue

e
fome.
[...]

A voz de minha filha
Recolhe em si
A fala e o ato.
O ontem – o hoje – o agora.
Na voz de minha filha
Se fará ouvir a ressonância
O eco da vida-liberdade"[2].

No poema, instala-se a circulação e readaptação de atuações marcadas pelo inconformismo e pelo sonho da liberdade. Da bisavó à filha, institui-se um circuito criado pelas vozes da memória, e as vozes atualizadas pelas histórias do presente, viabilizando o redesenho de práticas, permitem a construção de um potente trânsito criativo que se constituirá, nos vários campos, como característica de afrodescendência.

Como ressalta a poeta, participação e intervenção ativa na vida brasileira evidenciam-se, desde há muito. O século XIX é escolhido para demonstrar que afrodescendentes, isoladamente ou em grupo, tentam pela via da escrita, literária ou jornalística, do teatro, da religiosidade ou da festa, construir identidades em que as Áfricas reconfiguradas são realçadas como diferenciais importantes no cotidiano popular. Na Bahia contemporânea, os blocos afros trazem para a cena a memória de discursos identitários produzidos desde o século XIX por blocos carnavalescos, como *Embaixada Africana* e *Pândegos da África*, que, segundo os historiadores (TELES, 1997; VIEIRA FILHO, 1997), subvertiam o lugar de marginalidade que lhes era imposto pela sociedade da época e concomitantemente faziam da África ou da africanidade ali construída um elemento de composição da sua comunidade imaginada. Estes clubes, apesar da crítica da imprensa, gozavam de grande simpatia por parte dos grupos populares e traziam para as ruas ritmos e danças inspirados nas tradições africanas, além de fazerem referência a aspectos da história de países africanos. Também, distinguindo-se com as explícitas citações do candomblé, os afoxés constituem-se, juntamente com os clubes citados, precursores dos blocos afros da Bahia, sem que se pretenda aqui criar descabidas linhas contínuas de repetição.

Ilê Ayiê, Olodum, Malê de Balê, Muzenza[3], entre outros blocos afros criados a partir dos finais da década de 70 do século XX, para além de trazerem palavras originadas de línguas africanas que passam a circular com mais freqüência fora do circuito religioso, fazem um outro trabalho de recomposição da memória. Reatualizam a história de culturas africanas trazendo à cena a diversidade cultural que caracteriza o continente, propiciando a construção positiva de identidades para o grupo, viabilizando que afrodescendentes e não conheçam uma parte da sua riqueza cultural que é constituinte da cultura brasileira.

As ligações com a África e suas culturas são recriadas, às vezes de modo livre, propiciando a releitura dos trânsitos e intercâmbios ocorridos na diáspora: Jamaica, a civilização bantu, a Guiné, Mali, a tradição iorubá, as cidades de países africanos; as raízes religiosas são recriadas em uma genealogia mítico-histórica para a elaboração de discursos identitários híbridos que percorrem os vários caminhos propiciados pelo *Black Atlantic*, definido por Paul Gilroy (2001) como uma rica formação intercultural e transnacional resultante dos intercâmbios e das trocas efetivados entre a cultura ocidental. As culturas africanas e as produzidas na diáspora traçam desenhos identitários que desafiam barreiras nacionalistas, como pode ser lido na letra da música *J. América Brasil*:

Sou Ilê-Aiyê
Da América Africana
Senzala Barro Preto
Curuzu
Sou negão Zulu
Garvey Liberdade
E Brooklin Curuzu Aiyê
Johnson com seu pulso
Encantou a todo mundo
Jimmy Hendrix com seu toque universal
Oh é James Brown
Reverendo Luther King

A liberdade e a palavra de fé
Fannie Lou Mississipi
Luta e resistência da mulher[4].

As letras das composições isoladas das *perfomances* dos cantores e dos participantes dos blocos não dão conta das alegorias performáticas que os blocos afros levam para as ruas da cidade do Salvador nos ensaios e apresentações. Aqui no século XXI, como em todo o período de escravização, as práticas performativas em que o corpo simultaneamente recupera e recria as experiências ancestrais podem ser lidas como exemplo de uma política de *performance* que funde estético e político, resistência e pedagogia. Como sabemos, as práticas religiosas, a capoeira, o samba e a maior parte das manifestações culturais de origem africana lidam com o corpo "como se ele fosse, e muitas vezes foi, o único capital cultural que tínhamos. Temos trabalhado em nós mesmos como em telas de representação" e continua:

> Esses repertórios da cultura popular negra – uma vez que fomos excluídos da corrente cultural dominante – eram freqüentemente os únicos espaços performáticos que nos restavam e que foram sobredeterminados de duas formas: parcialmente por suas heranças, e também determinados criticamente pelas condições diaspóricas nas quais as conexões foram forjadas[5].

O corpo negro em *performance* tem sido estudado na contemporaneidade como reinvenção de imagens pelo diálogo entre imaginário e memória, que se tornam amplificadores para vozes e reivindicações, às vezes, desprestigiadas. Rubem Alves da Silva (2005), discutindo a noção de *performance* nas ciências sociais, recorre a Schechner para enfatizar a atuação do estético e da criatividade nas atividades performáticas; segundo ele, as *performances* podem ser definidas como atividades culturais reproduzidas ao longo de um tempo em processos que podem envolver pluralidade de significados e interesses diversificados. Ainda com base em Schechener, Silva destaca que, embora de modo não excludente, as *performances* podem ter um caráter de entretenimento e lazer ou caráter de eficácia. Considero este último caráter mais importante para as reflexões aqui desenvolvidas, uma vez que as tradições africanas reconstruídas pelos blocos afros jogam com o lúdico, porém se interessam em propor projetos de constituição de identidades e de modificações nas práticas cotidianas, reversão de papéis e de sentidos. Eles, constroem *performances* que não se esgotam nos rítmicos movimentos que exploram, têm projeto de fazer cantar e dançar (entreter) e principalmente refletir sobre as representações e atuações do negro na vida social e política brasileira, como atestam o Projeto e os Cadernos Pedagógicos, além das escolas e várias ações empreendidas e mantidas pelos grupos afros em Salvador.

Assim, Ilê, Olodum, Malê, entre outros, reelaboram tradições diversas, compondo um outro mosaico para as tradições da diáspora. Fazem do corpo em movimento estético espaço para contestação e intervenção política e social e vão construindo uma memória da África e de suas culturas que, aliada à indumentária e às danças, constitui um arquivo de referências extremamente importante para a configuração das identidades negras na Bahia. Nestes contextos, os corpos negros e suas *performances* transcendem os limites de representações em que o olhar marcado pelo fascínio erótico e/ou exotismo apresentam corpos negros descontextualizados e sem voz ou identidade. Ainda parafraseando o já citado Hall, as *performances* e representações que nos interessam constituem estratégias culturais capazes de efetuar diferenças e deslocar as disposições do poder. As identidades que se querem constituir pelos toques de tambores e da lenta subida das ladeiras, pela utilização de uma indumentária que reestiliza roupas de grupos africanos, dos cabelos trançados e das *performances* apontam para uma alteração nas disposições hegemônicas do poder. Por meio da música e da dança, utilizam uma linguagem entendida pela mente e corpo das centenas de jovens negros que freqüentam os ensaios dos blocos afros em Salvador, entoando as canções que não são tocadas nas rádios, mas que circulam intensamente pelo universo dos jovens das comunidades populares que entoam com o bloco: "Não me pegue, não me toque, por favor não me provoque, eu só quero ver o Ilê passar". As danças das deusas do ébano, os tambores do Olodum lançados ao alto, a ala de dança do *Malê de Balê* ilustram as relações fortes e tensas entre o performático e o pedagógico na constituição das identidades étnicas[6]. A sonoridade dos toques variados dos tambores juntam-se a informações históricas sobre o Egito, Abissínia, Angola, Moçambique, Nigéria e outras culturas da África e da diáspora que são reproduzidas nos espaços populares e fundem mito e história, experiência e criação, intensificando a proliferação de discursos identitários mesmo que ainda não tenham produzido os deslocamentos nas relações de poder que muitos de nós desejamos.

Inicialmente combatido pela imprensa e por setores institucionais que viam na proposta uma ameaça à estabilização de um discurso de democracia racial (e novamente a aproximação com o século XIX se impõe), o *Ilê Aiyê* é o primeiro dos blocos afros contemporâneos a se firmar como voz de resistência que faz do corpo negro objeto estético, tela de representação construída pela seleção dos elementos do perfil reconfigurado. Historicamente as tradições africanas se expressaram por intermédio do corpo nas várias situações que viviam – as *performances* sempre fizeram parte do cotidiano de africanos e afrodescendentes, a ponto de a tradição ocidental definir sempre o corpo negro a partir de *performances* a serem combatidas – corpo belo, flexível, sensual, pecaminoso. Imagens que se repetiram à exaustão nos textos e cenas pintadas ou descritas por estrangeiros e brasileiros.

O desfile dos blocos pelas avenidas de Salvador, cantando e dançando com roupas inspiradas em tradições do vestuário de regiões da África, torna-se um ritual de afirmação identitária apreciado por baianos, turistas e jornalistas e, principalmente, de negros e negras que se acotovelam nas ruas para assistir ao ritual e acompanhar os desfiles, ainda que a grande imprensa televisiva não prestigie o evento em suas transmissões.

Os blocos afros tornam performáticas as memórias de lutas do povo africano e dos afro-brasileiros como a revolta dos malês, a conspiração dos alfaiates; misturam história e mito e trazem a história do Egito negro, informações sobre Madagascar e Zumbi para o cotidiano popular. Em suma, fatos e temas que, em geral, não eram ou não são estudados nas escolas e que começam a ser conhecidos pelos cadernos de educação e pelos seminários que os blocos organizam com o intuito de informar/formar compositores e associados sobre o tema de cada ano.

Usando texto, colorido e *performance*, os cantores músicos e dançarinos são autores de atos performáticos e também portam uma tradição de convenções e de histórias particulares que vão constituir fundamentos para o discurso identitário. E aí podemos ler todo um conjunto de sentidos históricos culturais e sociais que são codificados e decodificados em outro sistema de representação. A criatividade e o improviso performativo existentes nas tradições africanas e nas tradições espalhadas pela diáspora, como o *jazz*, o samba *reggae* e o *ijexá*, têm por base um feixe de referências e um contexto de legitimação específico que negociam com a tradição ocidental para imprimir-lhe marcas inusitadas.

Recriar, reelaborar *performances* e histórias põe em destaque o fato de que as identidades e as culturas não são imaginadas de uma vez por todas, mas são constantemente recriadas e acrescidas com o trabalho ativo da memória e de seus vazios. De tal modo que práticas culturais consideradas tradicionais são reinterpretadas, reconstruídas ou reinventadas por esta memória ativa, apresentando-se com outras roupagens e sentidos – um processo de ressignificação assentado em tentativas de atividades sociais produzirem representações de memórias culturais dos afrodescendentes para transformá-las em instrumento político de intervenção e mudança sociopolítica. Podemos concluir pensando que as *performances* culturais desenvolvidas e apresentadas pelos grupos afro-baianos comemoram a memória dos grupos étnicos que aportaram na cidade da Bahia e celebram as diferentes tradições de origem africana que ainda hoje são reinventadas na diáspora; e mais, trazem à cena pública sentimentos, ritmos e movimentos que forçam o repensar de diálogos entre as várias reconfigurações performático-culturais que ocorreram/ocorrem nos vários cantos da diáspora e que podem interferir nas formas de organização sociopolítica dessas sociedades.

Notas:

[1] PADILHA. *Entre a voz e a letra.* O lugar da ancestralidade na ficção angolana do século XX, p. 15.

[2] EVARISTO. *Cadernos Negros*, n. 13. p. 32-33.

[3] Nomes de importantes blocos afros criados em Salvador a partir da década de 70 e que constituem espaços de lazer e principalmente marcos

de afirmação de estética negra, de incentivo à auto-estima e de resistência cultural.

[4] Letra de Julinho, Cláudio do Reggae, Guza e Elói Estrela. 1996.

[5] HALL. *Da diáspora: identidades e mediações culturais.* p. 342-343.

[6] Cf. em BHAHBA. no texto "DissemiNação: o Tempo, a Narrativa e as margens da nação moderna", no qual o autor aborda o tema no tocante à constituição do discurso nacional, uma relação que pode sem dúvida ser estendida a discussões sobre etnicidades.

Referências

BHAHBA, Homi K. DissemiNação: o tempo, a narrativa e as margens da nação moderna. *O local da cultura.* Tradução de Myriam Ávila, Eliana Lourenço de Lima Reis e Gláucia Renate Gonçalves. Belo Horizonte: Ed. UFMG, 1998. p. 198-238.

Cadernos Negros. São Paulo: Quilombhoje, n. 13, 1990.

GILROY, Paul. *O Atlântico negro:* modernidade e dupla consciência. São Paulo: Ed 34; Rio de Janeiro: Universidade Cândido Mendes, 2001.

HALL, Stuart. Que "negro" é esse na cultura popular negra? *Da diáspora:* identidades e mediações culturais. Organização de Liv Sovik. Tradução de Adelaine La Guardia Resende *et al.* Belo Horizonte: Ed. UFMG; Brasília: Representação da UNESCO no Brasil, 2003. p. 335-349.

PADILHA, Laura. *Entre a voz e a letra.* O lugar da ancestralidade na ficção angolana do século XX. Niterói: EDUFF, 1995.

SILVA, Rubens Alves da. Entre "artes" e "ciências": a noção de performance e drama no campo das ciências sociais. In: Horizontes Antropológicos, Porto Alegre, ano 11, n. 24, p. 35-65, jul./dez. 2005. Acesso em: 5 jul. 2006.

SOUZA, Florentina da Silva. *Afro-descendência em Cadernos Negros e Jornal do MNU.* Belo Horizonte: Autêntica, 2005.

TELES, Jocélio dos Santos. Divertimentos estrondosos: batuques e sambas no século XIX. *Ritmos em trânsito*: sócio-antropologia das músicas baianas. São Paulo: Dynamis Editorial, 1997.

VIEIRA FILHO, Raphael R. Folguedos negros no carnaval de Salvador (1880-1930). *Ritmos em trânsito:* sócio-antropologia das músicas baianas. São Paulo: Dynamis Editorial, 1997.

PARTE II

O Corpo em *Performance*, a Arte e a Poesia: o Profano e o Sagrado

4. ARTES DO CORPO: DESENHANDO UM ESPAÇO SAGRADO

Zeca Ligiéro

O presente artigo investiga a presença de traços comuns das tradições africanas em obras de artistas brasileiros de diferentes épocas e que trabalharam com distintos suportes e viveram sob pressões díspares aspirando, cada um a seu modo, a expressões individuais libertárias. Pretende-se demonstrar que uma forte preocupação com a linguagem corporal, base comum da ancestralidade da África negra e fundada em um gestual com forte presença rítmica e alto teor simbólico, tem caracterizado o trabalho de artistas de épocas distintas, seja ele afrodescendente ou apenas tenha sido contaminado pela eloqüência de princípios estéticos ancestrais. Portanto, o foco é o estudo das chamadas artes performativas, nas quais o corpo centraliza a expressão, seja por meio da mimesis ou mesmo de elaboradas formas simbólicas, em ambos os casos, sem abrir mão do ritmo e do movimento. Quase sempre sem separar os territórios do sagrado do profano, "linkados" quase sempre por contínuos processos de ritualização.

Serão examinados propositadamente artistas que possivelmente em nenhuma exposição seriam colocados lado a lado, a não ser por experimentarem a performatividade afro-brasileira.

É possível perceber pelos relatos dos visitantes europeus a utilização de linguagens corporais nas *performances* espetaculares criadas pela gente de etnia africana nos principais centros urbanos brasileiros[1]. Trazidas primordialmente por povos bantos, essas formas de sentir e de se expressar através do corpo podem ser vistas como um denominador comum dentre a diversidade das culturas de toda a África negra.

Este é o primeiro artigo neste caminho e, talvez, por isso mesmo, caracterize-se por reflexões ainda sem conclusões definitivas, ansiando por novos confrontos e discussões no momento em que se abre um debate nacional sobre a legitimidade das tradições africanas no Brasil.

O gesto e a natureza em Aleijadinho e Valentim

Transplantado para o Novo Mundo, os elementos principais da *performance* africana com simbolismos e opções por uma arte em movimento (LIGIÉRO, 2007), com sua gestualidade e rítmica própria, vai se difundir, sobretudo, na arte sacra colonial, bem como nas manifestações espetaculares permitidas pela Igreja, principalmente aquelas sob a tutela das Irmandades Negras. Negros e mulatos, na época da Colônia e do Império, tornaram-se então grandes artistas, os Mestres Aleijadinho (1730 a 1814) e Valentim (1745 a 1813) são nossos maiores exemplos desse período, tanto decorando igrejas, esculpindo e mesmo desenhando espaços urbanos. Em suas obras, vão além dos seus contemporâneos, deixando muito mais do que uma expressão sacra comum aos períodos em que viveram. Eles deixaram em suas estátuas e altares uma relação rítmica espacial do corpo em movimento, do corpo como espaço sagrado, do corpo que está em harmonia com as forças da natureza, bem como, com seus ancestrais, visto assim como expressão do divino. As suas figuras sacras não parecem que vão despencar do teto e das plataformas como as madonas gordas e anjos pançudos dos seus colegas copistas europeus, mas, com músculos firmes e compleição expressiva, esboçam desejos corporais peculiares, alçar vôo próprio pela força da leveza de seus gestos – eles demonstram conhecer a arte de flutuar a partir da harmonização com o ritmo e a melodia que emanam da música. Parodiando Israel Pedrosa, criador da "cor inexistente" (1977), poderíamos ressaltar a "música inexistente" em Aleijadinho. Ou seja, aquela que se faz notar pela sua ausência física, mas está presente através de todo o ambiente vibrátil que a reverbera e a evoca apesar do silêncio profundo da pedra.

Para a sua obra *Jesus na Barca* (Figura 1), relevo do púlpito do lado do Evangelho da Igreja de São Francisco de Assis de Ouro Preto, em vez da simples cópia, tão comum aos escultores de seu tempo, Antonio Francisco Lisboa, o Aleijadinho, recriou o desenho do modelo original do florentino Lorenzo Ghiberti, como havia feito também com *Jonas atirado ao mar*, feito para outro púlpito para a mesma igreja. Sua postura é sempre singular, não desprezando o modelo para "tomá-lo como uma fonte de sugestões ao invés de refazê-lo"[2]. Ou como ainda aponta Machado: "Poderíamos multiplicar exemplos de como, recusando-se à cópia pura e simples e, também, à modesta redistribuição de formas alheias em nova moldura. Antonio Francisco Lisboa obedece ao ímpeto criador mesmo quando se vale de modelos"[3]. O autor acredita que o artista se filia à tradição gótica mediavalesca "num complexo artístico dominado pelo barroco e pelo rococó" no qual suas figuras em relevo exibem desproporcionalidade e "o talhe acutângulo das obras de panejamento" e excessivo expressionismo das figuras retratadas. Embora concordando com as observações do autor, gostaria de salientar outros aspectos pertinentes. Nesta e em outras obras, Aleijadinho exibe uma corporalidade e uma excessiva preocupação com gestos emblemáticos. Seu Cristo, neste relevo, coincidentemente ou não, exibe uma clássica pose do Congo, o gesto *Niombo*, que, segundo Thompson, marca a passagem de uma pessoa de um mundo para o outro. Com esse gesto, um iniciado quer dizer para os ancestrais: "Eu sou mediador entre os dois mundos"[4]. Cristo, aqui, flutua sobre a linha da Calunga, que divide o mundo dos vivos e dos mortos, sua auréola é o sol no seu momento máximo de ascensão[5].

Figura I

Em outra significante obra do grande mestre, *Jonas atirado ao mar* (Figura 2), notamos uma excessiva preocupação com conflito entre o vertical e o horizontal. Pelo cruzamento de linhas, cria-se uma verdadeira batalha rítmica. A verticalidade do baixo relevo literalmente amarrado pelo exíguo espaço quadrado do púlpito empresta inusitadamente ao espaço, de onde as figuras emergem, uma dimensão pulsante, o conflito entre a verticalidade do mastro dos navios; com suas variantes diagonais da cordoalha, impulsionam o barco para baixo enquanto as figuras pesadas procuram desesperadamente escapar da baleia amedrontadora. Cada figura se projeta em diferentes diagonais, como se quisessem saltar do barco (e do púlpito) ou alçar vôo antes mesmo de serem deglutidas pelo monstro marinho. As ondas não parecem esculpidas em pedra, pois imprimem um ritmo pulsante à paisagem como se fossem de fogo e lambessem o casco do navio, e o mar não fosse mais lugar do horizonte, mas da vertigem.

Figura 2

Entre as distintas obras do Mestre Valentim, sem dúvida, a que mais se articula com as culturas africanas é o jardim do Passeio Público aberto à visitação em 1786 e parcialmente remodelado, mas conservado até os dias de hoje. Nesta o traçado geométrico inicial de um hexágono irregular é "cortado por aléias, uma reta principal, com vista direta para o fundo (baía de Guanabara), e outras secundárias, também retilíneas, num traçado barroco de paralelas, perpendiculares e diagonais"[6]. Se por um lado, a influência barroca é evidente, veremos que a opção do artista pode ser entendida também como uma adoção na sua arquitetura de um geometrismo próprio da arte africana. A relação de um detalhe da planta do jardim desenhado pelo Mestre

Valentim (Figura 3) com um tecido proveniente do atual Congo (Figura 4) parece seguir um mesmo modelo de combinações de triângulos com linhas em diagonais próprias da arte subsahariana. A adoção de formas arquitetônicas egípcias na criação de duas pirâmides de bases triangulares em granito carioca também mostra admiração pela arte norte-africana.

Figura 3

Figura 4

Mestre Valentim procurou criar um espaço mágico cenográfico para um jardim florestal tropical brasileiro dentro do espaço urbano. Para lá foram trazidas árvores frutíferas introduzidas pelos portugueses, como jaqueiras, mangueiras, tamareiras, ao lado de árvores tanto da Mata Atlântida quanto da Amazônia e do cerrado. A voluptuosidade da floresta e do monumental pomar aqui é dominada pelo conjunto rítmico de linhas geométricas convergentes para uma construção denominada a Fonte do Amor, onde estátuas de deuses gregos convidavam o público a um deleite espiritual. Trata-se em seu conjunto de uma arquitetura concebida por alguém que procurava valorizar a natureza como fonte de vida e quase sagrada ou, pelo menos, divina pelas suas formas monumentais e poéticas.

O conjunto de animais (jacarés e garças), esculpidos e fundidos em bronze pelo próprio artista, de forma pioneira em nossas terras, refletem o seu gosto pela fauna brasileira e um certo conhecimento esotérico africano. Para a pesquisadora Anna Carvalho, "o magnífico conjunto representando dois jacarés entrelaçados em posição de movimento e transitoriedade" são "representados seguindo as regras do naturalismo ótico, da multiplicidade harmônica dos ritmos e das gradações de superfície da estética rococó"[7]. A escolha de um par de jacarés apresenta aspectos passíveis de uma interpretação a partir dos valores culturais africanos, pois, nesse antigo continente, os crocodilos são considerados animais sagrados, símbolos de fertilidade e de renovação da vida. A forma como estão dispostos e entrelaçam seus rabos extrapola o naturalismo rococó num geometrismo atípico dessa escola e que remete a uma linguagem simbólica. Não foi por acaso que o autor escolheu esse réptil para de sua mandíbula verter a água da fonte. Possivelmente, o artista teria o conhecimento da entidade Dan, do antigo Daomé, ou Dambala, do Haiti, também e no Brasil conhecido como Oxumarê, Orixá representado por duas serpentes que se cruzam representando a dualidade do sagrado: as duas energias vitais. Tudo indica que sua escolha não foi aleatória.

Tarsila: Arte Moderna Brasileira e as Estéticas Africanas

Historiadores têm frisado a enorme contribuição visual dos descendentes africanos durante o período colonial e imperial, sem, contudo, valorizar a sua produção visual contemporânea. Entretanto, as incursões de célebres artistas no mundo afro são flagrantes. Obras de artistas como Cândido Portinari, Anita Malfatti, Tarsila do Amaral,

Emiliano Di Cavalcanti, Vicente do Rego Monteiro, e Victorio Brecheret[8], retratando afro-brasileiros, deram-lhes notoriedade tanto aqui como no exterior e são sempre supervalorizadas pelo mercado das artes. Ao se apaixonarem pelos musculosos trabalhadores negros, as gordas amas-de-leite e as sinuosas dançarinas mulatas, eles teriam fixado um novo parâmetro para identificar o ser brasileiro no bojo das discussões sobre a identidade nacional que emergiram principalmente a partir da década de 20. De fato, a modernidade artística brasileira não seria a mesma sem a presença marcante desses modelos ora viris, ora sinuosos e malemolentes, mas, sobretudo, extremamente plásticos, todos eles negros e mulatos.

Cabe a questão: mais uma vez, esses modelos seriam considerados apenas a chamada "mão-de-obra" afrodescendente a serviço da modernidade brasileira? Ao se aproximarem da presença do mundo pulsante e rítmico do afrodescendente, com uma intrigante e estimulante complexidade simbólica, não teriam também esses artistas antropofagicamente se apropriado da estética, da ginga dos modelos retratados? Mesmo sem terem elaborado um discurso específico ou mesmo um manifesto típico da época?

Acredito que sim, da mesma forma como o cubismo, o fauvismo e, em menos intensidade, a própria arte abstrata se apropriaram da arte africana sem, contudo, explicitar adequadamente a visível influência. Parece-nos óbvio que esse modernismo brasileiro, desenvolvido, sobretudo, por eurodescendentes (significantemente quase todos com sobrenomes italianos) e espelhado nos movimentos europeus do século XX, também incorporou essas influências, principalmente ao abandonar os tons claros do Impressionismo, deixando-se dominar pelas cores quentes da terra e da mata, por essa geografia tropical de curvas vertiginosas e angulação abrasadora habitada por gente de pele morena ou negra. Mário de Andrade aponta essa tendência dos pintores como uma busca do "espírito do brasileiro" e percebe em suas cores algo como de "mau gosto" e relacionado ao universo retratado do caipira (cor da terra e da pele), sem, contudo, conotar algo africano em suas considerações:

> Sinto um "mau-gosto" nos acordes das cores de A. Junior, em principal levado pela realização artística da cor da terra

> e da pele queimada do caipira, que encontrará eco no "mau-gosto" caipira de baú, de Tarsila e em certos acordes mais virtuosísticos mas sem comparação genealógica do Portinari do "Café", do "S. João" e certos quadros da fase atual[9].

Percebemos que, além da cor, os pintores se nutrem das formas, movimentos e ritmos visuais típicos da cultura africana e, a nosso ver, nada tem a ver com o caipira, a não ser o fato de ser esse também de ascendência afro-ameríndia. Em seus quadros, vamos encontrar presentes não somente os símbolos e matrizes ancestrais como a própria idéia de ritmos visuais presentes na arte do continente negro.

Tarsila Amaral, expoente da modernidade brasileira, dá-nos a certeza de que os modelos negros literalmente e antropofagicamente devoraram a artista de origem européia para colocá-la a serviço da causa de uma estética nitidamente Afro-brasileira, embora seu trabalho sempre foi tratado como pertencendo a uma escola denominada "nativismo"[10] e nunca indicando a relação do seu novo estilo com as raízes temáticas que tanto buscava.

1923, ano em que Tarsila do Amaral dá uma guinada em sua trajetória artística. Ao interessar-se pelas tendências modernistas, viaja para Paris para estudar e entra em contato com o legado do Cubismo por meio do aprendizado com André Lhote, Albert Gleizes e Fernand Léger. Faz contatos também com artistas como Robert Delaunay e Constantin Brancusi. Entretanto, a autora faz questão de contrapor o seu interesse pela arte européia com uma afirmação nacionalista por uma estética autônoma. "Sinto-me cada vez mais brasileira, quero ser a pintora da minha terra", afirmaria ela. E para fixar essa brasilidade, ela recorre ao mundo afro. Enquanto residia em Paris, ela pinta o quadro *A Negra* (Figura 5), que se torna o quadro mais importante dessa fase do Modernismo brasileiro. Helouise Costa aponta na artista uma atitude crítica ao assumir a cultura exótica do negro: "Presença desconcertante e contraditória, *A Negra* é o ponto de partida de uma atitude crítica e autocrítica que terá ainda muitos outros desdobramentos na obra de Tarsila do Amaral ao longo da década de 20, transformando-se numa espécie de ícone da primeira fase do modernismo brasileiro"[11]. Segundo a autora, Tarsila criou uma espécie de quadro-manifesto, mais que uma pintura tratava-se de uma carta de princípios, de uma tomada de posição da artista frente aos impasses e contradições do nosso ambiente cultural. Não por acaso a dualidade é uma das características mais marcantes do quadro. Figura monumental e monstruosa, a negra de Tarsila, em sua modelagem curvilínea, quase escultórica, contrapõe-se ao plano de fundo abstrato-geométrico de caráter construtivo. Nos estudos preparatórios para *A Negra* vemos que o descolamento entre figura e fundo faz parte da concepção do quadro desde o início. A folha de bananeira, que aparece claramente nos desenhos, funcionará na pintura como uma diagonal que a um só tempo une e separa aqueles dois universos[12].

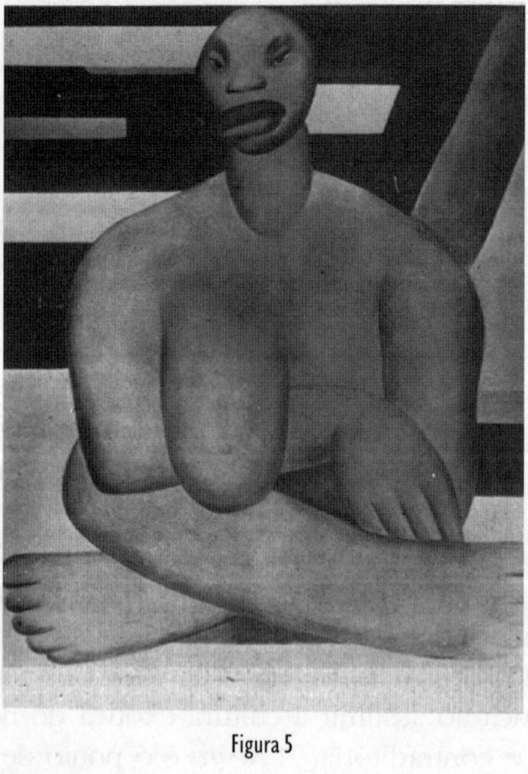

Figura 5

Se a combinação entre o fundo abstrato geométrico e a escultura estilizada em primeiro plano era incomum à arte européia no tempo de Tarsila, a sua disposição em qualquer altar africano era e é habitual. Nestes, as estatuetas de madeira são arranjadas sobre tecidos estampados com motivos geométricos abstratos seguindo a estética e o simbolismo típico de cada grupo étnico. O que é mais importante: o quadro de Tarsila nos remete ao universo afrodescendente não só por causa do modelo negro, mas como um conjunto escultural e pictórico totalmente articulado com as estéticas oriundas daquele continente, apresentando, a meu ver, não uma influência, como pode ser interpretado à primeira vista, mas como um desenvolvimento de um tipo de pintura que a artista vai adotar em muitos outros quadros.

Ao compararmos *A Negra*, de Tarsila, com a imagem de *Iemanjá* do século IX (Figura 6) esculpida em madeira (em exibição na *Arte e Religiosidade no Brasil: heranças africanas*), compreenderemos que esta poderia ter sido um dos modelos de inspiração para a artista, pois a figura feminina apresenta os mesmos seios fartos e a mesma forma de sentar-se sobre as pernas cruzadas. Esta imagem da deusa do mar negra é atípica e difere totalmente das esculturas glamurosas difundidas pelos adeptos da Umbanda, em que a grande matriarca se transformou numa espécie de Vênus cabocla, com pele morena, longos cabelos lisos, cintura fina e formato de rosto ocidental. Mas essa antiga representação de Iemanjá parece fugir também de uma iconografia tipicamente iorubá (origem do grande Orixá), conforme registrado por Pierre Verger. Vemos algo nela que poderia ter inspirado Tarsila, mas, ao compararmos o quadro com as estatuetas do Congo e Angola, vamos perceber que a ligação é ainda mais estreita. Thompson, em seu livro *Le Geste Congo*, oferece-nos excelentes parâmetros para esse estudo. Segundo esse autor, sentar-se sobre as pernas cruzadas é uma atitude de meditação e de concentração; em Quicongo, a pose é chamada de *funda nkata*. Na escultura em madeira estudada pelo autor (Figura 7), observamos que, além da tradicional pose de meditação, os lábios largos (poder de persuasão) e os seios fartos da imagem de Iemanjá, a negra é calva como a do quadro de Tarsila.

A cabeça raspada é uma marca de iniciação entre diversas culturas africanas, incluindo a iorubá e a congo-angolense. Creio que *A Negra*, de Tarsila, não é calva apenas por motivos plásticos, trata-se da marca de uma iniciação religiosa que a artista devia conhecer. Thompson cita um acadêmico de Trinidad Tobago, que relembra que naquela ilha, no começo do século XX, havia encontrado um homem do Congo, com a cabeça raspada, sentado nesta pose (*funda nkata*) o que significaria, para ele, "pensar segundo seus ancestrais"[13]. A conexão de, *A Negra*, de Tarsila com a estátua do Congo é, portanto, inegável, tanto na sua forma gestual quanto em sua construção sólida e escultural. Tarsila procura um passado mítico africano, uma ancestralidade feminina como uma forma de marca da identidade brasileira para a sua pintura.

Hélio Oiticica: a cor que dança no corpo

Hélio surge, no panorama artístico brasileiro, participando do Movimento Neoconcreto – Grupo Frente. Entre eles destacavam-se o poeta Ferreira Gullar e o crítico de arte Mário Pedrosa, que procuravam uma maior subjetividade e maior liberdade do que o grupo de São Paulo, considerado então muito ortodoxo. Seu trabalho se destaca na Bienal de São Paulo em 1957; na Exposição Internacional de Arte Concreta, em Zurique, 1960; e ainda na Mostra *Information*, no Museu de Arte Moderna de Nova Iorque em 1970, dentre outras. Os Neoconcretos abandonaram a pintura de cavalete e o pedestal da escultura, ocupando-se da discussão sobre a criação do ambiente. Procuram um envolvimento sensorial

Figura 6

Figura 7

do espectador da mesma forma que movimentos semelhantes norte-americanos e europeus[14].

Em 1964, morre o pai e Hélio Oiticica descobre a Escola de Samba da Estação Primeira de Mangueira, é levado pelo artista Jackson Ribeiro para pintar carros alegóricos do desfile de carnaval junto do artista plástico Amílcar de Castro, do grupo neoconcreto "[...] foi aí que descobriu um espaço dionisíaco, que não conhecia, que não tinha a menor experiência. [...] Descobriu, aí, o ritmo, a música. Ficou tão entusiasmado que começou a aprender a dançar, para poder participar dos desfiles, dos ensaios: se integrou na escola de samba"[15].

Hélio se identifica com a marginalidade do morro, é chamado de "Russo" e autodenomina-se "malandro velho da Mangueira"; mesmo sem fixar residência, permanecia longas temporadas em barracos dos novos. "Em Mangueira, na vida do morro, eu descobri o meu caminho"[16]. O rigor formal e a abstração geométrica decorrente de uma abordagem exageradamente racional é destroçado pelo seu convívio com a cultura afro-brasileira. A percepção das novas possibilidades artísticas encontradas nas formas expressivas da comunidade negra da Estação Primeira vai alterar completamente seu trabalho e ampliar sua contribuição para o fazer artístico brasileiro. A relação com o novo ambiente vai, sem dúvida, possibilitar-lhe dar o grande salto em seu trabalho artístico, embora sua relação com a cultura do morro só recentemente vem sendo investigada e não lhe tem sido dada a ênfase necessária. O trabalho de Paula Berenstein Jackes, *Estética da ginga: a arquitetura das favelas da obra de Hélio Oiticica*, principia esse inventário, que, embora sem aprofundar propriamente na questão da estética da produção cultural afro-brasileira, fornece-nos uma incrível chave e substancial material analítico para construir essa ponte.

E possível perceber as mudanças ocorridas no trabalho de Hélio a partir do seu diálogo com a cultura afro-brasileira na Mangueira. É importante frisar que o artista estava também totalmente sintonizado com as tendências dos movimentos norte-americanos e europeus da criação de *hapennings*, *environments* e *performing arts*, mas desenvolve seu projeto em consonância com as matrizes afro-brasileiras, ou, pelo menos, absorvendo muitas de suas referências como veremos em seguida. O seu fazer artístico sofreu uma grande metamorfose, ele encontrou o mundo do samba com a sua corporalidade explícita, a ginga e malícia. No dia-a-dia, o artista encontra o sistema de construção arquitetônica fragmentada e informal típica da favela que lhe vai proporcionar elementos para fundamentação teórica e sugestões de materiais e soluções espaciais para desenvolver a linguagem de seus "ambientes" e "penetráveis". O encontro do jovem Hélio Oiticica com a estética afro-brasileira, portanto, aconteceu não de forma acadêmica, mas de forma vivencial. Esse convívio vai radicalmente transformar tanto a sua vida quanto seu trabalho artístico. Ele abandona definitivamente a pintura de cavalete e parte para, a meu ver, a sua criação mais sintonizada com a estética afro-brasileira, os parangolés (Figura 8). Jacques sinaliza:

> De fato, a experiência na Mangueira desencadeou em Oiticica muitas descobertas simultâneas: a descoberta do samba, que é também uma descoberta do ritmo, de uma nova temporalidade e, sobretudo, uma descoberta do corpo; a descoberta de outra forma de sociedade, não burguesa, muito mais livre, mas ao mesmo tempo marginal, e também muito menos individualista e mais anônima, que gera a descoberta da idéia de comunidade, a descoberta de outra arquitetura, uma forma diferente de construir com materiais mais precários, instáveis e efêmeros. Essas novas descobertas formam a base da primeira obra de Oiticica totalmente influenciada pela favela: os Parangolés.

Os parangolés são principalmente capas, mas também são tendas e estandartes. Hélio encontrou a palavra "parangolé" anteriormente ao seu convívio com a Mangueira.

> Um dia eu estava indo de ônibus e na praça da Bandeira havia um mendigo que fez assim uma espécie de coisa mais linda do mundo: uma espécie de construção. No dia seguinte já havia desaparecido. [...] Era um terreno baldio, com um matinho, e tinha essa clareira que o cara estacou e botou as paredes feitas de um fio de barbante de cima a

baixo. Bem feitíssimo. E havia pedaço de aniagem pregado num desses barbantes que dizia 'aqui é ...' e a única coisa que eu entendi, que estava escrito, foi a palavra 'Parangolé' . Aí eu disse: é essa a palavra[17].

Figura 8

De acordo com a proposta do artista, os espectadores devem vestir os parangolés para dançar o samba. Eles são simultaneamente abrigos e vestimentas para dançar. A idéia de vestir a obra, sem dúvida, é inspirada no próprio desfile da escola, no qual a *performance* do sambista atinge o seu maior grau de expressividade quando também ele/ela veste a fantasia, seja de baiana ou de mestre-sala dentro de uma grande alegoria proposta pelo carnavalesco da escola. Oiticica assegurava que seu trabalho ia além, pois se tratava da "incorporação do corpo na obra e da obra no corpo"[18]. Também essa idéia faz parte do legado afro-brasileiro, dentro do sentido ritualístico do candomblé; a roupa que veste o Orixá (incluindo aí não somente a parte de tecido, mas os colares de miçangas, braceletes e demais adereços) são feitas para o corpo do Orixá que dança. O desenho da roupa explora as cores e os sentidos da mitologia de cada um para, na fruição dos seus movimentos e ritmos, transformá-los em algo que vai além do cotidiano, que, embora não exista o conceito de obra de arte, mas existe a idéia de transcendência e de união do corpo e ritmo, corpo e veste. É na *performance* da dança que corpo e veste se fundem em uma única obra, considerada pelos fiéis sagrada. Talvez, a figura dos *egunguns* seja a que mais formalmente se pareça com os parangolés de Hélio. Originário da cultura iorubana da Nigéria, o *Egungun* é conhecido como um ancestre divinizado que dança escondido sob panos, nunca apresentando nenhuma parte do corpo aos que presenciam o seu ritual (FIGURA 9). No Brasil, ritos dessa natureza acontecem na Bahia, em Itaparica e Lauro de Freitas. Os *egunguns*, cobertos de pano, desenham no espaço uma coreografia aleatória, próxima das qualidades apontadas por Haroldo de Campos nos parangolés de Hélio,

> onde o usuário acaba quase se metamorfoseando em pássaro surpreendente e aquelas capas (que postas em sossego, têm apenas o aspecto das asas fechadas e quase murchas de um pássaro), de repente, com o usuário, com o corpo do usuário, elas esplendem e decolam como um vôo transfigurador, investidas de vida pela própria presença do usuário e espectador[19].

A religiosidade africana como espaço sagrado no corpo fora perseguida pelo poder, bem como ignorada pelos estudiosos, considerada como influência menor dentro da formação cultural do povo brasileiro. Entretanto, a análise de obras de artistas tão díspares como Aleijadinho, Mestre Valentim, Tarsila do Amaral e Hélio Oiticica nos coloca diante de um outro olhar: o corpo enquanto espaço sagrado

Figura 9

extrapola o cotidiano e articula movimento, cor e vibração de forma pouco conhecida pela arte ocidental. Por intermédio do mínimo de conhecimento da importância do corpo como espaço ritualizado e receptáculo do sagrado enquanto humano, é possível entender por que, ao longo dos tempos, artistas brasileiros, mesmo sem terem sido iniciados nos mistérios das religiões afro-brasileiras, deixem-se levar pelo fascínio das linguagens ancestrais africanas a ponto de revolucionarem não somente a própria arte, como o conceito de arte no Brasil.

Notas:

[1] LIGIÉRO. Performance Prossecional, Revista *O Percevejo*, n. 12, p. 84-98, 2003.

[2] MACHADO. *Barroco Mineiro*, p. 161.

[3] MACHADO. *Barroco Mineiro*, p. 163.

[4] THOMPSON. *The Four Moments of the Sun*, p. 63.

[5] LIGIÉRO e DANDARA. *Umbanda: paz, liberdade e cura*, p. 134.

[6] CARVALHO. *Espaços da Arte Brasileira*. Mestre Valentim, p. 1.

[7] CARVALHO. *Espaços da Arte Brasileira*. Mestre Valentim, p. 26.

[8] Interessante notar que, embora a arte escultória de Brecheret esteja obviamente sintonizada com as culturas afro-brasileiras, há autores como Menotti Del Picchia que reconheciam em sua obra "o autocne brasileiro que se projeta nos zigomas de suas

máscaras, nas proeminências da fronte e na audácia dos lábios carnosos e sensuais", via apenas em sua arte [...] Daí sua arte, mesmo no profundo misticismo em que se enevoa, conservar algo de visceralmente nosso, tropical e indígena". Mario da Silva Brito, *op. cit.*, p. 10. In: AMARAL. *Artes plásticas na semana de 22*. São Paulo: Perspectiva, 1970.

[9] *Ibidem*. "Carta inédita de Mário de Andrade a Luís Martins (data do Rio 16-VII-1940). In: *Al Arriba*, São. Paulo, out. 1957, p. 12. São Paulo. Perspectiva, 1970, p. 34.

[10] *Ibidem*, p. 123.

[11] COSTA, Helouise. Tendências da arte moderna. In: AMARAL, Aracy (Org.). *Tarsila cronista*. São Paulo: Edusp, 2001. p. 126.

[12] *Ibidem*, p. 126.

[13] THOMPSON. *The Four Moments of the Sun*, p. 141.

[14] Cf. JACQUES, Paola Berenstein. Estética da ginga: a arquitetura das favelas através da obra de Hélio Oiticica. Rio de Janeiro: Casa da Palavra/RIOARTE, 2001.

[15] Ligia Pape, entrevista por JACKES, Paula Bereinsten, 2001.

[16] Hélio Oiticica, entrevista por Norma Pereira Rego. "Mangueira e Londres na rota" In: *Ultima Hora*, 31 jan. 1970. Citado por JACKES, Paula Bereinsten, 2001.

[17] Entrevista para Jorge Guinle Filho. "A ultima entrevista de Hélio Oiticica". In: *Interview*, Rio de Janeiro, abr.1980. Citado por JACKES, Paula Bereinsten, 2001.

[18] Hélio Oiticica entrevistado por Ivan Cardoso. "A arte penetrável de Hélio Oiticica". In: *Folha de São Paulo*, 16 nov. 1985. Citado por JACKES, Paula Bereinsten, 2001, p. 29.

[19] In: *A operação do Texto*. São Paulo: Perspectiva. Citado por JACKES, Paula Bereinsten. 2001, p. 30.

Referências

BRITO, Mário da Silva. In: AMARAL, Aracy. *Artes plásticas na semana de 22*. São Paulo: Perspectiva, 1970.

CARTA de Mário de Andrade a Luís Martins (data do Rio 16-VII-1940). *Al Arriba*, S. Paulo, p. 12, out. 1957. São Paulo: Perspectiva, 1970.

CARVALHO, Ana Maria Fausto de. *Espaços da Arte Brasileira:* Mestre Valentim. Rio de Janeiro: Cosac & Naify Ltda, 1999.

COSTA, Helouise. Tendências da arte moderna. *Tarsila cronista*. Organização de Aracy Amaral. São Paulo: Edusp, 2001.

JACQUES, Paola Berenstein. *Estética da ginga:* a arquitetura das favelas através da obra de Hélio Oiticica. Rio de Janeiro: Casa da Palavra/RIOARTE, 2001.

LIGIÉRO, Zeca. Performance Processionais Afro-brasileiras. LIGIÉRIO, Zeca (Ed.) Revista *O Percevejo*. Rio de Janeiro: PPGT/UNIRIO, n.12, p. 84-98, 2002.

LIGIÉRO, Zeca; DANDARA. *Umbanda:* paz, liberdade e cura. Rio de Janeiro: Nova Era, 1998.

LIGIÉRO, Zeca; ZENICOLA, Denise. Arte em movimento: ritmos visuais e matrizes ancestrais. In: *Performance Afro-Ameríndia*. Rio de Janeiro: Publit Soluções Editoriais e NEPAA-UNIRIO, 2007.

MACHADO, Lourival Gomes. *Barroco Mineiro.* São Paulo: Perspectiva, 1969.

OITICICA, Hélio A última entrevista de Hélio Oiticica, *Interview*, Rio de Janeiro, abr. 1980, Entrevista concedida a Jorge Guinle Filho, *apud* JACKES, Paula Bereinsten, 2001.

OITICICA, Hélio Mangueira e Londres na rota. *Última Hora*, Rio de Janeiro, 31 jan. 1970. Entrevista concedida a Norma Pereira Rego, *apud* JACKES, Paula Bereinsten, 2001.

OITICICA, Hélio. A arte penetrável de Hélio Oiticica. *Folha de São Paulo*, 16 nov. 1985. Entrevista concedida a Ivasn Cardoso, *apud* JACKES, Paula Bereinsten, 2001.

PAPE, Ligia. São Paulo, 2001. Entrevista concedida a Paula Bereinsten, 2001.

PEDROSA, Israel. *Da cor a cor inexistente.* Rio de Janeiro: Leo Christiano Editorial, 1977.

THOMPSON, Robert Farris. *Lê Geste Congo.* Paris: Musée de Dapper, 2002.

THOMPSON, Robert Farris; CORNET, Joseph. *The Four Moments of the Sun.* Washington: National Galery of Art, 1981.

5. DO VERDE DE OXÓSSI AO OURO DE OXUM: O RITUAL RELIGIOSO NA POÉTICA DE JOSÉ CARLOS LIMEIRA

Zoraide Portela Silva

O presente artigo é resultado de um projeto maior que venho desenvolvendo desde o mestrado e que tem o objetivo de compreender amplamente o discurso poético de José Carlos Limeira, buscando, por meio dos seus textos, elementos para discutir as identidades afro-brasileiras e a afirmação de uma literatura que traduza essas identidades, compreendida como uma textualidade relacionada com os elementos a seguir: poesia motivada pela força da coletividade, instrumento de um processo de conscientização e resgate da memória cultural, alimentada pelos "lugares de memória", pela riqueza cultural, histórica e política do povo afro-brasileiro.

A obra poética do escritor baiano José Carlos Limeira – exemplo maior da geração de escritores militantes negros que começaram a produzir da década de 70 do século XX – revela a preocupação em registrar e analisar o universo cultural afro-brasileiro construído como conseqüência das carências e necessidades de reunião que determinado grupo tem para dar resposta coletiva às injunções de seus contatos sociais. Para o poeta, seria impossível não fazer uma denúncia sociopolítica em sua obra. Em depoimento, reconhece: "[...] minha inconformidade eu tenho registrado também através da poesia. Com a arma do verso tento expressar desencantos, as minhas angústias e fazer minhas denúncias com estado de coisas que eu vejo e constato"[1].

Nas palavras do poeta, há o reconhecimento de que a poesia é a marca de sua experiência e também da sua condição, processo de construção de um *ethos*, de instrumentos de pertencimento e auto-reconhecimento cultural, mas há, também, e fundamentalmente, um questionamento de identidades construídas à revelia dos agentes, por grupos que não lhes dizem respeito. Consciente de que o negro continua à margem da sociedade, embora lutando para se fazer sujeito da história, o poeta constrói um discurso que subverte a ordem vigente; reivindica para si um estatuto autônomo no campo instituído, questionando as injustiças sociais, orgulhando-se da sua condição de negro, manifestando sonhos e crenças e focalizando o passado histórico, a ancestralidade, a memória coletiva, a tradição religiosa e o lugar da mulher negra.

O processo de construção de identidades coletivas envolve a atividade de preencher os vazios provocados pela desterritorialização, voltando-se para a elaboração de versões de acontecimentos, criação de biografias, histórias, "símbolos que sustentam o edifício identitário, um trabalho meticuloso de pesquisa e de seleção dos aspectos que comporão o desenho no qual o grupo se reconhecerá"[2]. Assim, os afro-brasileiros têm suas identidades construídas de acordo com o modo pelo qual se vinculam a um discurso – no seu próprio discurso e nos discursos dos outros. Nesse sentido, é salutar o discurso poético que tem como papel quebrar uma uniformidade do desenho identitário, apresentando a diferença cultural não substitutiva do discurso dominante, mas como forma de rearticular a soma do conhecimento a partir da singularidade significante do "outro" que resiste à "totalização". Consciente da importância desse discurso numa sociedade hegemônica, o poeta, como reconstrutor dessa identidade, propõe-se a remexer os vários arquivos da memória[3].

Assim é que a atividade poética de José Carlos Limeira propõe-se a lembrar as tradições preservadas pelos descendentes dos antigos escravos, uma vez que "lembrar não é reviver, mas re-fazer"[4]. Nesse sentido, a poética limeiriana reconstrói perfis identitários, dando voz ao outro. E esse "outro" são todos aqueles que estiveram fora da história oficial, silenciados pelo conceito etnocêntrico de verdade.

Para tanto, o poeta privilegia três aspectos em seu discurso poético: os quilombos, a religião afro-brasileira e as mulheres negras. Nesse artigo, optei em fazer uma leitura, sem a pretensão de uma exposição exaustiva, dos poemas do autor que tematizam a religião afro-brasileira.

Poética de religião

É, sobretudo, por meio da religião que os afro-brasileiros buscam reconstruir e recompor os pedaços do seu passado. "Um largo espectro do milenar conhecimento das antigas civilizações africanas veio trazido pelos escravos para o 'novo mundo' e transmitido aos descendentes"[5]. Até hoje, em muitos templos afro-brasileiros, existe a metafórica representação de um navio de madeira pendurado ou fixado na entrada das casas de culto. Lembra-nos Paul Gilroy de que os navios eram elementos móveis que representavam os espaços de mudança entre os lugares fixos que conectavam:

> Eles eram algo mais – um meio para conduzir a discussão política, e, talvez, um modo de produção cultural distinto [...]. Os navios também nos reportam a *Midlle Passage*, a micropolítica semilembrada do tráfico de escravos e sua relação tanto com a industrialização quanto com a modernidade. Por todas essas razões, o navio é o primeiro dos cronotopos modernos pressupostos por minhas tentativas de repensar a modernidade por meio da história do Atlântico Negro e da diáspora africana do hemisfério ocidental[6].

A herança cultural dos símbolos sagrados e da lembrança coletiva criou um espaço religioso, mítico, social e, mesmo, político para o afro-brasileiro. A preservação do culto dos antepassados e da crença nas divindades integrantes da cosmogonia religiosa das regiões, sobretudo da África Ocidental, foi e continua a ser um elemento essencial para a auto-identificação do afro-brasileiro. Há um excelente estudo de Muniz Sodré (2002) em que ele ressalta a importância da dimensão do espaço para a prática religiosa, tanto para o indivíduo isolado quanto para a comunidade, lembrando o papel representado pelo "território", pelo espaço como uma condição necessária para a formulação da identidade de um grupo.

Mantendo o posicionamento de reconstruir e recompor o passado, José Carlos Limeira ressalta as tradições religiosas, homenageando a religião afro-brasileira, tão presente em nosso cotidiano, adotando um discurso poético que privilegia as lideranças religiosas e os rituais. É uma poética que também se caracteriza pela descrição de espaços sagrados ao tempo, em que destaca a significação que o candomblé tem para a cultura afro-brasileira.

Tal significação se encontra devidamente afirmada no poema *Traços*, no qual o sujeito poético faz uma autodescrição como forma de marcar a sua diferença:

> Carrego comigo os traços
> Sonhos dos oprimidos
> Contas e adereços
> Que falam de muitos sentidos
> Que contam dos nossos feitiços
> Que mostram certos endereços[7].

Nos versos acima, o sujeito poético afirma sua existência africana estruturada por meio de valores religiosos dos quais se constitui a identidade do homem negro. Esses valores perpassam toda vida individual e social, sendo, portanto, responsáveis pela manutenção do modo de ser africano. O candomblé polariza a vida social, hierárquica, ética, moral, lúdica e tudo o que o espaço da defesa conseguir manter e preservar da cultura do homem afro-brasileiro.

Os versos da segunda e terceira estrofes descrevem características do negro no espaço físico que traduzem, na verdade, o espaço ideológico, bem como vertentes da tradicionalidade das camadas mais resistentes e conscientes:

> Entre o sim e o não do que há
> Dos nossos maiores acertos
> No branco de Oxalá

De Ogum ostento o azul
Uso de todas as cores
Do vermelho e rouge de Exu
Aos colares de laguidbá
Minhas contas de coral, Âmbar e louça
Vão do verde de Oxóssi
Ao ouro da Oxum mais moça[8].

A contradição presente nos primeiros versos logo é resolvida no terceiro quando o sujeito poético reconhece Oxalá como senhor da vida e traz a seus filhos o senso de justiça e piedade. O deus que representa a criação divina marca a presença do sagrado no Brasil, assegurando a primeira e mais importante consagração da africanização da pátria de exílio, ou seja, a religião como pedaço da África.

Privilegiando uma linguagem simples, cotidiana, o sujeito poético continua descrevendo a relação dos negros com os orixás por intermédio do espaço preservado pelo terreiro, "salvaguarda-se a ponte que liga permanentemente o passado, o presente e o futuro"[9]. Também presta homenagem a Exu, que, no panteão dos deuses africanos, é considerado uma força motora. Ele não desfruta da mesma posição dos orixás, pois, na mitologia iorubá, desempenha o papel de intermediário e não está incluído no panteão dos deuses nascidos do ventre de Iemanjá. Desse modo, nas comunidades litúrgicas dos cultos afro-brasileiros, os terreiros servem, exemplarmente, para ilustrar o papel que representa a base territorial para a continuidade cultural dos antigos escravos e seus descendentes.

As linhas de relacionamento identitárias eram retraçadas, na Bahia e em outros espaços, por meio dos rituais afro-brasileiros. Segundo Muniz Sodré, os africanos usavam colares feitos de búzios (rosário de ifá) e de contas coloridas como forma de apontar pertencimentos e devoções religiosas. As miçangas ou "contas de coral, Âmbar e louça", conhecidas e utilizadas pelos povos africanos como marcas externas de preservação de seus vínculos identitários e das afiliações míticas, serão aproveitadas pelo poeta para delinear um discurso construtor das identidades afro-brasileiras. As contas "azul de Ogum", as "vermelhas e rouge de Exu", as "verdes de Oxóssi", as "ouro da Oxum" constituem fragmentos da tradição dos Orixás, trazida juntamente com os africanos e recriada no Brasil.

"Digam o que quiserem
Eu sou de um povo de fibra
Que resiste ao que der e vier
[...]
Sou desse Povo de Santo
E se quiser outro tanto
Sou mesmo é de Candomblé"[10].

No último verso do poema, é nítida a afirmação de pertencimento, por parte do poeta, ao candomblé, em um país que impediu e discriminou a religião africana. É sabido que, após a emancipação jurídica dos escravos em fins do século passado, a elite branca dominante, diante da necessidade de garantir a sujeição social negra e com vistas a dar continuidade à exploração, procurava negar ao negro qualquer espécie de autonomia. A religião católica foi imposta como um mecanismo de controle ideológico. Tal postura chega ao século XX, quando as instituições das religiões negras são perseguidas e proibidas no Brasil. Afirma Anamaria Morales:

> Impedidos de bater seus atabaques, os terreiros mal podiam realizar os rituais, que envolvem a música e a dança característica de cada orixá. [...] a suspensão de tal proibição se deu oficialmente em 1938 pela pena do Presidente Getúlio Vargas, [...]. Mas o fim da obrigatoriedade de registro de terreiros na Delegacia de Jogos e Costumes, a qual cabia autorizar as cerimônias, só se deu na Bahia durante o governo de Roberto Santos em 1976[11].

A legislação brasileira procurava determinar locais e momentos nos quais seriam permitidos ao afro-brasileiro circular pelos espaços urbanos e, mais que isso, deixar evidente que a abolição não lhe outorgava direitos de cidadão comum. Segundo Florentina de Souza, do mesmo modo que persistia quase invisível nas figurações do perfil nacional, o negro deveria permanecer invisível e ausente de certos espaços sociais exclusivamente destinados aos "brancos". A invisibilidade do afro-brasileiro adquire formatos variados na vida pública e privada, nos setores econômicos e político-sociais do país.

As proibições dos cultos motivaram várias tentativas de soluções negociadas, buscadas na "proteção" de elementos dos grupos prestigiados ou ainda mediante o pagamento de taxas de licença de funcionamento. A população de Salvador criou, ao longo do tempo, formas de resistência ao esmagamento cultural e político que sempre a ameaçou. Nos períodos Colonial e Imperial, quando as irmandades religiosas baianas se constituíam em poderosas organizações de ajuda mútua e de identidade social, as confrarias de negros eram das mais importantes, como, por exemplo, a Irmandade de Nossa Senhora do Rosário dos Pretos, estabelecida em 1646, localizada na Igreja de Nossa Senhora do Rosário, no Pelourinho. Estas Irmandades, além das suas funções normais de confraria religiosa católica, serviam também de elemento definidor de identidade e preservação da cultura negra, ao incluir em suas festividades elementos oriundos das culturas africanas, promover empréstimos para aquisição de alforria e prestar assistência em casos de doença e de morte.

Se, como afirma Bacelar[12], a construção de uma identidade étnica é um jogo de permutas, manipulações e estratégias de diferenças e semelhanças diante de uma etnia dominante, podemos pensar que o negro da Bahia colonial, além de oferecer resistência, fazia, também, contestação, denúncia da realidade da escravidão, do sofrimento e da morte, por intermédio das irmandades leigas. A própria nomenclatura atribuída às irmandades, se observarmos atentamente, representa a situação e as necessidades do negro escravo, pela apropriação da mítica cristã: Nosso Senhor Bom Jesus da Paciência, Nosso Senhor Bom Jesus dos Martírios dos Jeje, Nossa Senhora do Rosário dos Pretos e Nossa Senhora da Boa Morte são alguns exemplos.

A atuação das primeiras Irmãs da Boa Morte teve importância política, social e, significativamente, religiosa. Segundo Pierre Verger[13], foi como organização advinda das mulheres adeptas à Confraria Nossa Senhora da Boa Morte que teria sido fundada, no início do século XIX, o primeiro Candomblé Keto de Salvador. A partir de 1820, a Irmandade se teria expandido para a cidade de Cachoeira, local onde ainda hoje preserva seus rituais tanto públicos quanto secretos.

Em tempos mais recentes, o Afoxé Filhos de Gandhi, criado em 1949 por um grupo de estivadores, também pode ser tomado como um caso de resistência cultural. Um integrante relata a reputação que tinha o afoxé na favela onde cresceu: o Ghandhi era ali chamado de "bloco dos feiticeiros", dos "candomblezeiros". Segundo Silva, havia em Salvador grupos culturais preocupados com a questão política do negro. Blocos como o *Ilê Aiyê*, surgido em 1974, realizavam trabalhos voltados para questões como identidade cultural, divulgação e revelação de compositores, poetas e cantores, formação de instrumentistas e outros. Existiam ainda entidades como o *Malê Cultura e Arte Negra*, o *Núcleo Cultural Afro-brasileiro*, o *Grupo Palmares Iñaron – Teatro, Raça e Posição* e pessoas independentes que estavam "levando a questão do negro para outro caminho"[14].

Na literatura afro-brasileira, as referências ao universo jeje-iorubano ganharam projeção, por meio de muitos escritores, a exemplo de José Carlos Limeira, que criou diversos textos a partir da complexidade ritual do candomblé, como danças rituais, os ritos iniciáticos, os textos sagrados, personagens, histórias e musicalidade. A poesia de Limeira resgata o sentido das religiões afro-brasileiras, não só no sentido de homenageá-las, mas, principalmente, no combate ao racismo cultural-religioso que se manifesta material e simbolicamente, ratificando continuamente preconceitos, estigmas e estereótipos que interferem profundamente no processo de autoconceito, auto-imagem e auto-estima dos afro-brasileiros.

Simbolismo das águas

Ao assegurar-nos que a poesia se constitui no registro de sua inconformidade com os "conceitos pretensamente universais", aqueles que fundamentam uma cultura branca, masculina, cristã, ocidental, o poeta José Carlos revela-a como tradutora dos sonhos, crenças e desejos de um povo. No poema *Águas do Paraguassu*, o registro da inspiração poética aliado aos ritos da religião afro-brasileira possibilitam a descoberta dos mistérios que nos habitam:

> As águas do velho Paraguassu
> São Abebes, espelhos, luzes profundas
> Donde emergem perfeitas, belas
> Kayalas e Dandalundas
> E vão todas elas ao Rumpayame Ayono Runtoloji

No fim da tarde, quando é mais suave a brisa
Para conversar, sem alarde, com Gaiacu Luíza[15].

Nos versos acima, o sujeito poético evoca as águas do velho Paraguassu, associando-as a "espelhos" e "luzes profundas", detentoras do mistério das deusas Kayalas e Dandalundas, orixás que representam as águas. Dandalundas, representante da nação Angola, e Oxum para a nação Nagô, é a deusa das águas doces, do ouro, que carrega consigo predicados da beleza e da vaidade.

Ao homenagear Kayalas e Dandalundas, o sujeito poético mostra-nos a interação das principais nações africanas que se inscrevem nos versos "Bênçãos em todas as línguas, todas as estradas" e "Ewe, Fon, Gun, Quibundo, Iorubá, Mahi" que se configuram no poema como um desejo de "Nação", na qual as diversas etnias tenham voz e busquem a libertação, o que se percebe no verso "Em todos os sentidos". A liberdade faz-se como trajetória de Oxum, orixá, deusa das águas doces, guerreira, força que impulsiona a luta.

Bênçãos em todas as línguas, todas as estradas
Ewe, Fon, Gun, Quimbundo, Iorubá, Mahi,
Quicongo
Umbundo
E nos faz atrevidos...
Sabemos vodunces, iaôs, muzenzas
Em todos os sentidos
Iansã é oyá, Dandalunda é Oxum
Xangô e Sobô, Jeje é Nagô
Angola é Ijexá[16].

O poeta assume a criação artística e resgata a identidade quando registra, pela via literária, o mito de Oxum, patrimônio cultural africano, como forma de reflexão do projeto de elaboração de outros perfis identitários e de uma memória histórica em relação às práticas ancestrais e aos rituais vivenciados pelo povo africano. Por outro lado, a referência ao mito de Oxum, em todo o poema, poderia ser apontada como libertação, símbolo da vida, purificação, fecundidade. Ela, que dança sob o ritmo de sua terra, Igexá, além de se preocupar em limpar as suas jóias, tem como área de influência a fertilidade e é a patrona do ventre.

> Conta-se que quando os Orixás chegaram à Terra, costumavam reunir-se sem a presença das mulheres. Aborrecida por não poder participar das deliberações, Oxum preparou sua vingança, trazendo a esterilidade às mulheres, e impedindo que os objetivos dos deuses fossem alcançados. Os Orixás buscaram então a ajuda de Oludumaré; que explicou a eles que, sem a presença de Oxum, nada poderia dar certo. Dengosa, ela demorou a aceitar o convite dos Orixás para que participasse das reuniões, mas finalmente concordou, e a fecundidade voltou[17].

Vale lembrar o poder de outra imagem – "Gaiacu Luiza" –, grande sacerdotisa, guardiã da fé e da tradição africana, conhecedora da história das ancestrais femininas, também focalizada anteriormente, da qual Limeira nos dá testemunho, ao longo da sua obra poética, através da representação da grande liderança feminina do terreiro "Rumpayame Ayono Runtoloji", localizado no Recôncavo Baiano, em Cachoeira, centro afro-religioso muito importante no Brasil, que já serviu de diálogo e inspiração de poetas e ficcionistas que criaram suas obras a partir da complexidade ritual do candomblé. Verifica-se uma extraordinária capacidade que tem o poeta de abarcar o imaginário da religião afro-brasileira por meio dessa teia que se vai construindo em outros poemas.

A representação simbólica das águas também nos faz retomar ao título inspirado no nome de um rio muito importante no Recôncavo Baiano, o "Rio Paraguassu". O poeta utiliza a imagem simbólica das águas como uma grande metáfora da purificação, indicando a limpeza, a remissão, e a perfeição que caracterizam as cerimônias do candomblé, com uma série de iniciações, "abertas àqueles que são chamados pelos deuses, qualquer que seja sua origem étnica, e à medida que se vai penetrando no interior do santuário que os mistérios vão sendo aprendidos"[18]. Para o poeta, "as águas do Velho Paraguassu" são:

> Testemunha de tantas magias
> Lavam-me de tantas mágoas, águas de alegrias

Fazem renascer em cada um de nós
Guerreiros, Rainhas, amantes, Feiticeiros
Mães e Filhos de Santos[19].

As águas, vistas como purificação ritual de culto e de conexão com as entidades e as energias do cosmos, bem como local de iniciação mítico-mística, configuram-se, ainda, como espaço de renascença e transformação[20].

Assim, a reflexão do poeta sobre a representação simbólica das águas permite-nos pensar numa relação iniciática que se estabelece entre a natureza e os homens. A água torna-se, nesse sentido, o espaço iniciático da vitalidade, que sagra "Guerreiros, Rainhas, amantes, Feiticeiros/Mães e Filhos de Santos" para a luta e preservação dos laços por meio das práticas religiosas, antes interditadas pela Igreja Católica, irrompe, agora livre, no imaginário literário, trazendo novas formas de alargar as fronteiras que se manifestam na linguagem mitopoética do poema. Nos Ritos de Saída e Comunhão, a água serve para lavar o colar e, muitas vezes, a cabeça (moradia do orixá) e também o corpo inteiro. Nessa cerimônia da lavagem, o indivíduo, que a ela se submete, fica ligado a um mundo diferente, está preso a toda uma cadeia de obrigações negativas ou positivas, de encargos e de deveres. Para o poeta, as águas são elementos de proteção nas religiões da tradição africana e, nesse sentido, receber a proteção das águas, "lavar-se colar, ori e corpo", pode ser pensado como o início da conquista dos sonhos, afirmando, assim, não só a identidade negra afro-brasileira dilacerada por tantas interdições, mas também a dimensão poética da linguagem, que é universal. A água representa, num sentido mais amplo, a vida do cosmo:

"As águas porque são águas, fluidos sem tormentas
Dançam entre otás as danças dos ventos
Os ventos aos sopros, todos abraços
Entram pelo ori, chamados pelos toques
Vivos em seus passos de Angola, Ketu, Jeje, Nagô
Inquices de qualquer nação
[...]
Águas, seculares águas sobre nossas cabeças
Bênçãos, Agôs, Mucuius, Colofés

Como nos cobre de bênçãos nossa Mãe
Quando subimos ou descemos ao mundo
Do Alto da Levada"[21].

O verso "Águas, seculares águas sobre as nossas cabeças", na estrofe acima, parece indicar uma ascendência africana. Na língua iorubá, os costumes ganham vitalidade e permanência justamente porque se modificaram e passaram por processos de "articulação que os revestiram de outras formas e nuances". Simbolicamente, o poeta está revelando os caminhos percorridos pelos afro-brasileiros numa tradição mítica africana que se manifesta cotidianamente pela presença de celebrações e rituais religiosos, fecundando a relação existente entre os planos humano e divino ao tempo em que possibilita a comunicação dos homens com os deuses-orixás.

O poeta, armado com o instrumento do verbo, tem em vista o esforço comum de emancipação social, econômica e também psicológica do homem de cor no Brasil. Assim, descreve, com detalhes, alguns locais sagrados e personagens dos rituais dos terreiros de candomblé. Cabe ressaltar, ainda, que esses rituais são parte e instrumento de um processo de conscientização e resgate não só da memória cultural, mas, sobretudo, moral, que tem suas raízes sentimentais e históricas no passado africano e, por isso mesmo, visceralmente brasileiro.

O poeta, nessa perspectiva, crê na força alentadora e contagiante dos seus versos para desalienar seus semelhantes do conformismo, do complexo de inferioridade, da negação de si próprio, por isso assegura:

Somos, pois, um só povo
Para aprender todos os toques em todos os cantos
E queremos ver-nos dançando
Em todos os terreiros, para todos os santos
E vamos além deste sonho menino
Fazer o mais correto pelas Águas que protegem
Das dores, desatinos, e nos preparam, nos regem
Para viver todo Rito, celebrar o planeta e a vida
Cumprindo nossos destinos[22].

Na estrofe, o resgate da memória ancestral está poeticamente representado nos versos "Somos, pois, um só povo / Para aprender todos os toques em todos os cantos", que permanece em constante diálogo com as tradições afro-brasileiras e culturas de origem. Isso ao tempo em que o poeta se insere no contexto da comunidade do Terreiro, descrevendo a busca da pluralidade de sentidos que sustentam a comunicação com os antepassados e com os deuses em rituais, como nos revelam os versos "E queremos ver-nos dançando / Em todos os terreiros, para todos os santos". Tal passagem do poema reitera a afirmativa de que o "povo" de santo sabe escutar a percussão dos atabaques com o corpo inteiro, assimila mensagens durante a dança, impulsionado pelo sagrado, ousando seguir o curso do tempo.

Sacerdotisas: liderança religiosa feminina

Persistente nos ritos e divindades do candomblé, as sacerdotisas são ligadas às tradições e à resistência africana. O papel específico das mesmas é dirigir a comunidade, assegurar a realização do culto, garantir a correção dos ritos. Tais características se encontram no longo poema *Malakê*, no qual o poeta homenageia a sacerdotisa de mesmo nome, herdeira de uma tradição africana que envolve simultaneamente a função de conservar a memória da cultura negra e preservar a identidade desse povo. Para a religião dos africanos, a mulher é a sacerdotisa central. Por intermédio da "mãe-de-santo" é gerada toda a vida religiosa da comunidade.

O discurso poético de José Carlos Limeira aponta para a importância dessa figura feminina na preservação da religião e da cultura negra. Foram mulheres negras que, em meados do século XIX, estabeleceram e dirigiram, escondidas das autoridades, as cerimônias religiosas africanas que ficariam conhecidas, quando puderam ser celebradas livremente, como candomblé. "Este grupo de mulheres de aparência católica praticante eram, ao mesmo tempo, as fiéis guardiãs dos cultos dos nagô-iorubá"[23]. Na primeira estrofe, o sujeito poético relata:

> Início da minha história
> Lançada do outro lado do mar

Oxé brilhante de Zázi, Sobô,
Xangô, Odus, Orikis
Semente, cio dos raios, Orixá
Início de Rochas, meu elo, Otá
Continente inteiro, destino Atlântico
Razão de minha pele[24].

Nos versos "Início da minha história / Lançada do outro lado do mar / Oxé brilhante de Zazi, Sobô, / Xangô, Odus, Orikis", percebe-se o reconhecimento do começo mantido pela fé nos mitos sagrados que tornaram possíveis a reelaboração e valorização, no Brasil, de uma nova cultura. Ainda nesta estrofe, o poeta ressalva a memória escrava que restabelece os vínculos entre o passado e o presente (África e Brasil), destacando a difícil trajetória entre estes dois espaços descritos nos versos "Trazendo nos punhos, tornozelos / Estranhos adornos que rangiam". Sem subterfúgios da linguagem, o sujeito poético relata as formas de tortura do tráfico intenso dos africanos trazidos para a América, a submissão dos negros a um ritmo de trabalho compulsório e alienado, além da confrontação destes com um contexto social totalmente desconhecido, no qual existiam outras crenças e modo de vida diferente:

Vítima da aspereza dos dias
Diáspora, outra canção
Primeira do clã a chegar
Trazendo nos punhos, tornozelos
Estranhos adornos que rangiam
Molhada de banzo, sem zelos
Mesmo assim trazendo
Receitas de Amalá[25].

Por intermédio da memória sagrada (mítica), o poeta reconstrói a história de um antepassado, Malakê, que conquistou o respeito de todo um povo, reverenciado em terras do além-mar, onde se fez atuante no presente de muitos outros povos, como ocorreu com a diáspora na América, que, por um lado, sofria a dominação decorrente da situação de escravidão e, por outro lado, criou um espaço sociorreligioso que lhe possibilitou a preservação de sua identidade, pela vivência das tradições e da fundação de novos cultos e religiões, como o xangô, o batuque, o candomblé. Assim, devido aos vários jogos políticos e sociais de transmissão e herança cultural que ocorrem na diáspora, pode ser considerado, conforme Hall,

> "[...] que esses repertórios da cultura popular negra – uma vez que fomos excluídos da corrente cultural dominante – eram freqüentemente os únicos espaços performáticos que nos restavam e que foram sobredeterminados de duas formas: parcialmente por suas heranças, e também determinados criticamente pelas condições diaspóricas nas quais as conexões foram forjadas"[26].

Na segunda estrofe, o sujeito poético revela o momento em que toma consciência da violação do passado ("De frente aos seus fundamentos / No Rumpayame Runtoloji"). É, na casa de culto em Cachoeira, no Recôncavo Baiano, de tradição feminina, lugar de reconhecimento muito importante do Brasil na vivência das tradições da cultura negra, que a sacerdotisa Malakê se transforma em Maria, Conceição ou Gaudência para continuar existindo. Essa constatação denuncia os acontecimentos da história dos povos africanos em diáspora no Brasil, obrigados a negociar alguns aspectos da cultura de origem como forma de garantir a sobrevivência.

Tais acontecimentos, representados nos versos "Entendi a inteira dor / A violação do passado / A mudança do teu nome / Ao chamarem uma Maria / Uma Conceição [...]", enfatizam a crueldade e todo o sofrimento dos povos na diáspora destinados ao tráfico escravo, no qual eram batizados, ainda na África, como uma forma de ruptura com as tradições de origem africana e adoção do Catolicismo. Segundo Luis Felipe de Alencastro, o clero, pela bula *Romanus Pontifex* (1455), tolerava a escravidão na medida em que ela facilitava a catequese.

> Arrancados das brenhas do paganismo, os negros teriam suas almas salvas no ambiente cristão da Metrópole e dos enclaves ultramarinos. Cumpria ainda adaptar a doutrina pontifícia ao cenário colonial americano, onde a escravidão,

diferentemente do quadro reinante na Metrópole, assumia cada vez mais um cunho sistêmico[27].

É nesse sentido que se deve entender a *Carta Régia* de 1557, ao Governador da Índia, a qual determinava que "escravos mouros e gentios já batizados só podiam ser revendidos a senhores cristãos a fim de evitar que eles retornassem à heresia e ao paganismo"[28]. Mas o batismo em nada modificava seu estatuto; não se tornavam "cristãos livres por isso". Muito pelo contrário, tendo em vista os fluxos do trato negreiro, o batismo abria uma via sem retorno para a escravidão. Tal passagem no poema explicita a forma desumana de ruptura com as tradições de origem africana, pois, nessa cultura, os nomes das pessoas são escolhidos com muito critério, de acordo com o seu significado. Entretanto, os afro-brasileiros tinham seus nomes arrancados, trocados, sendo obrigados a mudar de identidade e a adotar o Cristianismo.

Na quarta estrofe, verifica-se uma mudança no discurso, já que o sujeito poético não mais utiliza o aposto para descrever a sacerdotisa, passando a reverenciá-la por meio do vocativo, reconhecendo-a como Mãe e Pai e, portanto, com poderes ilimitados, porém obediente à vontade dos orixás:

Malakê
Mãe, Pai
A quem tenho como primeiro Ancestral
Por tudo e por tal
Me ensina!
Quero dizer a todos orixás
Da minha crença no toque
No som do lê, do rumpi, do rum
Na força dos tridentes, adagas
Machados, espelhos, abebes, espadas
No ar, na terra, no fogo, na água
Nos Ilês, nos Axés
No Bogun
Na Casa Branca de tão antiga
No Jitolu de mãe Hilda, amiga
Em todo reino do Orun

Na dualidade de Logunedé
Em Stella estrela de Oxóssi
No Tanuri Juçara de Bebé
Na esteira, no Ojá
Ensaiando no Zandró
No Axé Opó Afonjá
Nunca estando só...[29]

Ao reconhecer a sacerdotisa como primeiro ancestral, o sujeito poético desvela o poder de transmitir uma memória que não pode ser esquecida. Segundo Marco Aurélio Luz,

> "[...] do culto dos ancestrais que deriva o valor da ancianidade institucional. O poder social é resultante da possibilidade dos notáveis serem lembrados e cultuados por sua descendência e, pela comunidade após a morte como ancestre e continuar, enquanto tal, participando das realizações que empreendeu visando expandir a vida dos seus dependentes[30].

A ênfase sobre a função dos ancestrais de ensinar, transmitir a sabedoria às lideranças permite-nos analisar a importância dos mesmos para a organização e atuação dos descendentes nas comunidades dos terreiros de candomblé. Permite-nos também a constatação de quão importante são as mulheres para as comunidades de terreiros, já que são elas que transmitem ritos, mitos e uma organização dos tempos do mundo de forma análoga à ideologia cristã. Nos terreiros, essas mulheres constroem um tempo mítico e um espaço sagrado, cujo traço de africanidade recria um novo lugar para a comunidade. Desta forma, "conhecer a história destas ancestrais femininas, reconhecendo-as como atravessadoras de fronteiras, traz às mulheres negras de hoje, a possibilidade de contato com uma dimensão da religião que seita nenhuma traz: a aceitação da complexidade do seu humano"[31].

Nos versos quinto, sexto e sétimo, há um pedido à sacerdotisa (Me ensina / Quero dizer a todos orixás / Da minha crença no toque) para que renove sua "crença no toque"[32] e em todo o ritual do candomblé. Em seguida, o poeta anuncia os nomes dos três atabaques consagrados à musicalidade – "lê", "rumpi", "rum" –, considerando-os como símbolos da tradição, das vozes dos ancestrais. Diz-se, com freqüência, que a fala dos orixás se alimenta de toques e é consagrada com *edje* (sangue); tem corpo, espírito e nome, conforme se verifica no oitavo verso.

No poema, são, ainda, introduzidos outros elementos, como as ferramentas dos santos que fazem parte do "toque": "Na força dos tridentes, adagas / machados, espelhos, abebes, espadas", os elementos da natureza "no ar, na terra, no fogo, na água" e da força vital existente em todos os seres que constituem aspecto importante para a compreensão do animismo presente no poema, tendo em vista que as religiões de tradição africana possuem um corpo de entidades ligado à terra e à natureza.

Essa estrofe também exemplifica a riqueza semântica quando palavras do espaço sagrado se transvertem em espaço poético na medida em que índices textuais como "Ilês" remetem não só ao significado "casa", que abriga o credo do poeta, mas transformam as casas de santo no lugar de onde emana a voz lírica. Por exemplo, nos versos "Nos Ilês, nos Axés" / "No Bogun" / "Na Casa Branca" / "No Jitolu" / "No Axé Opó Afonja", são representados espaços sagrados do candomblé e todos os significados das palavras que vêm depois (Casa/ Casas de santo/Terreiro ou Roça) e que, por sua vez, desdobram-se em um leque de significados também explorados.

O discurso poético joga com a mobilidade cultural afro-brasileira, descrevendo os aspectos da identidade social deles. Por exemplo, o verso "Na Casa Branca de tão antiga" remete-nos ao processo histórico baiano, no qual houve a predominância da tradição dos Nagô-Bantu e as lideranças femininas tiveram mais destaque, momento no qual as mulheres que pertenciam à Confraria Nossa Senhora da Boa Morte, na Igreja da Barroquinha, fundaram o Terreiro Casa Branca, em 1830.

O poeta também relata, no final da estrofe, em tom reflexivo, a importância das mães-de-santo que são sacerdotisas, facilitadoras da construção da identidade afro-brasileira na nossa sociedade, cujos corpos são instrumentos de comunicação entre os Orixás e os demais membros. Por vezes, são mães-de-santo como "mãe Hilda", "Stella", "Juçara de Bebé", "Senhora e Dofôna Regina/, Didi, Joana, Satu, e Benzinha /", com toda a história de resistência e luta, que se legitimam como representantes de nossos quilombos de hoje. Essas sacerdotisas sinalizam para outra forma de atuação da mulher na sociedade, ou seja, a reversão dos estereótipos sobre a mulher construída como um ser frágil. Ao tempo em que seu espaço é a casa, a figura feminina, em contrapartida, assume atributos sociais: responsabilidade, autoridade, espaço público.

Contrariando a tradição religiosa ocidental e, principalmente, as religiões de tradição judaico-cristã, marcadamente masculinas, as sacerdotisas são respeitadas e veneradas no contexto comunitário do candomblé, que foi inicialmente uma religião de tradição africana e no qual, atualmente, há participação de outros grupos étnicos. Tais posturas colocam a religião afro-brasileira como espaço de preservação da identidade, de resgate dos valores negros que contribuíram na formação da sociedade multirracial do Brasil.

O caminho simbólico-religioso projeta, no discurso poemático, uma via de aproximação de um rico repertório mágico ritual, de mitos, crenças e tradições como constituintes da identidade de um território cultural imaginado enquanto diferença, levando os seres a assumirem com as divindades uma relação de troca, por meio de sacrifícios, interferindo no mundo, quer no da natureza, quer no da cultura, e realizando a vontade dos homens como meio de se fortalecerem como divindades. O poeta lembra-nos de aspectos importantes dos rituais do candomblé nos versos "No Axé Opó Afonjá" e pelo "No padê". O Axé é a energia, a força sagrada que flui entre todos os seres, entre todos os componentes da natureza. A intensidade dessa energia varia, e os ritos objetivam adquirir, manter, transferir e aumentar essa força vital, a essência dos rituais e a fixação e o desenvolvimento do Axé. O padê é a oferta conciliatória feita no início de cada cerimônia e através da qual se pode apaziguar Exu, pedindo-lhe que seja intermediário e intérprete, embaixador dos mortais.

O verso "Na oferenda, no Pano da Costa" dá início à sétima estrofe, na qual o sujeito poético presentifica, simbolicamente, dois ângulos no panorama religioso afro-brasileiro feminino para pano-da-Costa: é a marca de sentido profano ou religioso nas ações da mulher como iniciada ou dirigentes dos terreiros. O uso do pano-da-Costa[33] também serve para representar o traje profano da baiana, focalizando, inclusive, tipos de atividades econômicas: as quituteiras ou baianas de tabuleiros, as baianas de rua, conhecidas como vendedeiras, têm nos turbantes e panos-da-Costa suas marcas características. As características encontradas no pano-da-Costa listrado, liso, estampado ou de renda são simbolismos que podem demonstrar a posição hierárquica da mulher e, por conseguinte, marcar a sua presença pelos fortes elos que determinam a sua representação africanista.

> Na oferenda, no Pano da Costa
> No dendê, nas Abiãs
> No branco da paz de Lemba
> Nas conversas dos Ogãs
> Na gamela, na quartinha
> No pó de Pemba
> Na prece que é sempre canto
> Encanto
> Na própria firmeza da fé
> Nos eguns, no terreiro
> Na luz que me faz inteiro
> E que vem do candomblé[34].

O poeta joga com os sentidos do pano-da-Costa, descrevendo os conceitos e valores que norteiam os ritos e toda a importância da mulher como elemento-base dos relacionamentos mágicos e portadora, nos seus trajes, dos emblemas sociais que controlam e ordenam toda a complexidade das práticas. Os versos "No branco da paz / Nos Eguns" remetem-nos a outros significados do pano-da-Costa como representativos das cores simbólicas dos orixás: pano-da-Costa branco pertence a "Oxalufã" e "Oxaguiã"; nos rituais fúnebres, o mesmo pano-da-Costa, ateado como capa envolvente, mágica, aparece guardando as mulheres das presenças dos "Eguns" (mortos). Nos versos citados anteriormente, a profunda conotação sociorreligiosa desse simples pedaço de tecido, que atua em tão diversificadas situações, desempenhando papéis dos mais significativos e necessários para a sobrevivência dos rituais africanistas.

O sujeito poético mostra-se ligado aos rituais e às suas raízes afro-brasileiras, insere-se no contexto da comunidade por meio dos versos "Na luz que me faz inteiro / E que vem do candomblé" e pelas "Nossas Sendas". A reflexão sobre o ato de criar poesia, ressaltando a sedução pela palavra e a confecção do texto como um grande ritual que deve ter "gosto de nossa história, contos e lendas [...]", resulta de um total envolvimento do poeta negro com "as Coisas do nosso povo", de uma relação amorosa do poeta com uma escrita compromissada com as questões específicas dos afro-brasileiros, como valorização das tradições, denúncia dos estereótipos negativos direcionados ao universo feminino e luta contra a opressão em geral, que se inscrevem nos versos: "Obrigado por me fazer acordar / E tentar entender toda forma de amor / Obrigado Malakê / Assim do jeito que sou!".

> Obrigado por Anelita, por Gaiacu Luíza
> Senhora e Dofôna Regina
> Didi, Joana, Satu, e Benzinha,
> E ver que de você veio ao mundo
> Tanta mulher, tanta rainha
> Obrigado por me fazer acordar
> E tentar entender toda forma de amor
> Obrigado Malakê
> Por ter vindo de você
> Obrigado pelo que sou[35]!

Na última parte do poema, o vocativo serve para o sujeito poético dirigir-se, em agradecimento, a esse ancestral no espaço religioso e cultural de resistência para que os afro-brasileiros preservem as suas tradições e desenvolvam uma identidade. E note-se que a imagem de agradecimento se vai revelando mais no momento em que o poeta se refere tanto a elementos autobiográficos quanto à presença religiosa na figura (da sua mãe-de-santo) da Casa de Culto Rumpayame Runtoloji de tradição jeje, que já foi citada no início do poema, o que se inscreve nos versos pelo "Obrigado por Anelita por Gaiacu Luiza".

Segundo Muniz Sodré[36], a reposição cultural negra manteve intactas formas essenciais de diferença simbólica, como a iniciação, o culto dos mortos, entre outros, capazes de acomodar tanto conteúdo da ordem tradicional africana (orixás, ancestrais ilustres, eguns, narrativas míticas, danças, etc.) quanto aqueles reelaborados ou amalgamados m territórios brasileiros.

As atividades da mulher iorubá, ainda na África, eram de grande importância ao lado de seu companheiro. Podemos assegurar que essas mulheres no Brasil, antes da Abolição e mesmo depois dela, "quando os negros foram alijados da nova ordem econômica que se instaurara com o mercado do trabalho livre"[37], passaram a exercer papéis de manutenção da família em termos socioeconômicos e culturais. Comparadas aos homens negros, as mulheres encontravam realmente melhores condições de sobrevivência, trabalhando como lavadeiras, amas, cozinheiras, ou vendendo seus quitutes pelas ruas. Muitas vezes chegaram a comprar a alforria de seus companheiros. Foram elas, também, guardiãs da fé e da tradição africana, conhecedoras da história das ancestrais femininas, as primeiras a abrirem terreiros e a assumirem papéis de importância na hierarquia religiosa.

Na poética limeiriana, as mães-de-santo têm sua atuação reconhecida não somente como liderança, mas, principalmente, como voz dinâmica na transmissão, criação e recriação cotidiana das tradições porque suas histórias nos remetem ao passado, à memória histórico-religiosa afro-brasileira como fonte de inspiração, ação e mudança no futuro. Nesse sentido, o texto poético, mediador da memória sociorreligiosa dos terreiros, constitui universo de representações e significações não apenas do lugar da mulher na religião do candomblé, mas, sobretudo, da sua importância na construção de espaços abertos, terreiros, onde a liberdade de ser está garantida a todos, independentemente de sexo, etnia ou cultura.

O discurso poético de José Carlos Limeira intenta relativizar o discurso hegemônico e propõe uma nova ordem em que o coletivo se mostre no processo de enunciação. O poeta assume um estatuto político de enfrentamento, focalizando metaforicamente a situação do desterrado, do exilado no próprio país de nascimento e articula a memória da luta negra brasileira, em especial as religiões afro-brasileiras, especificamente o "candomblé", a luta dos africanos e seus descendentes brasileiros para a manutenção, reconhecimento e respeito da memória religiosa. A escrita de Limeira legitima sentidos calcados no coletivo, próprio de uma textualidade afro-brasileira e situa-se num "entre-lugar", em que transgressão, resistência, luta e transformação encenam seu difícil encontro, esse lugar da encruzilhada. É o lugar do presente, das experiências do cruzamento da história, da suplementariedade. É o lugar da dobra, em que a linguagem está em toda a sua força de construção. É o lugar do texto fragmentário, que instaura uma outra lógica discursiva, a partir da multiplicidade de olhares e descentramentos, em que a escrita passa a representar a alteridade. É o lugar da metáfora e não do conceito, onde a literatura transgressora se realiza. É o cenário de articulação de um sujeito do discurso em deriva que altera a posição de enunciação e modifica o "cálculo do poder e saber, produzindo outros espaços de significação subalterna"[38].

Notas:

[1] LIMEIRA *apud* COSTA. *Fala criolo*, p. 74.

[2] SOUZA, 2002: p. 53-82.

[3] SOUZA, 2002: p. 53-82.

[4] BOSI. *Memória e sociedade: lembranças de velhos*, p. 20.

[5] AUGEL. A imagem da África na poesia afro-brasileira contemporânea, p. 189.

[6] GILROY. *O Atlântico negro: modernidade e dupla consciência*, p. 60.

[7] LIMEIRA. *Negras intenções*, p. 37-38.

[8] LIMEIRA. *Negras intenções*, p. 37-38.

[9] SODRÉ. *Claros e escuros: identidade, povo e mídia no Brasil.*

[10] LIMEIRA. *Negras intenções*, p. 37-38.

[11] MORALES. O Afoxé Filhos de Gandhi pede paz, p. 268.

[12] BACELAR. 1989: 33.

[13] VERGER (1992) *apud* MARQUES, Francisca. *Festa da Boa Morte: identidade, sincretismo e música na religiosidade brasileira.*

[14] SILVA. História de lutas negras: memórias do surgimento negro na Bahia, p. 12.

[15] *CADERNOS NEGROS*, n. 25, p. 94-96.

[16] *CADERNOS NEGROS*, n. 25, p. 94-96.

[17] FONSECA JR. *Dicionário antológico da cultura afro-brasileira*, p. 119.

[18] BASTIDE, *O candomblé da Bahia*, p. 25.

[19] *CADERNOS NEGROS*, n. 25, p. 94-96.

[20] Cf. CHEVALIER (1999), as significações simbólicas da água podem reduzir-se a três temas dominantes: fonte de vida, meio de purificação, e centro de regenerescência. Esses três temas se encontram nas mais antigas tradições e formam as mais variadas combinações imaginárias – e as mais coerentes também.

[21] *CADERNOS NEGROS*, n. 25, p. 94-96.

[22] *CADERNOS NEGROS*, n. 25, p. 96.

[23] MOTT. *Submissão e resistência: a mulher na luta contra a escravidão*, p. 38.

[24] LIMEIRA. *Malakê.*

[25] LIMEIRA. *Malakê.*

[26] HALL. *Da diáspora: Identidades e mediações culturais*, p. 343.

[27] ALENCASTRO. *O trato dos viventes: formação do Brasil no Atlântico Sul*, p. 159.

[28] *Apud* ALENCASTRO. *O trato dos viventes: formação do Brasil no Atlântico Sul*, p. 161.

[29] LIMEIRA. *Malakê.*

[30] LUZ. *Dinâmica da Civilização Africano-Brasileira*, p. 240.

[31] EGYDIO e OLIVEIRA. Negras da diáspora: todo o poder para as Ayabas.

[32] Toque significa preparação das festas de candomblé, quando são realizadas as celebrações públicas de canto e dança, as chamadas "cerimônias de barracão", durante as quais os orixás se manifestam por meio de transe ritual, e são precedidos de uma série de ritos propiciatórios que envolvem sacrifício de animais, preparo de carnes para o posterior banquete comunitário, fazimento das comidas rituais que são oferecidas aos orixás que estão sendo celebrados.

[33] Alguns simbolismos acompanham esse nome. "Pano-da-Costa", por exemplo, pode referir-se tanto a um tipo de tecido vindo da Costa dos Escravos, Costa da Mina, Costa do Ouro etc., quanto a um tipo de acessório do traje da negra baiana pender do ombro para as costas.

[34] LIMEIRA. *Malakê.*

[35] LIMEIRA. *Malakê.*

[36] SODRÉ. *Claros e escuros: identidade, povo e mídia no Brasil*, p. 133.

[37] FERNANDES. *A integração do negro na sociedade de classes*, p. 14.

[38] BHABHA. *O Local da Cultura*, p. 228.

Referências

ALENCASTRO, Luis Felipe de. *O trato dos viventes:* formação do Brasil no Atlântico Sul. São Paulo: Companhia das Letras, 2000.

AUGEL, Moema Parente. A imagem da África na poesia afro-brasileira contemporânea. *Afro-Ásia.* Salvador: CEAO/UFBa, n. 19-20, p. 183-199, 1997.

BACELAR, Jéferson. *Etnicidade:* ser negro em Salvador. Salvador: Ianamá: Programa de Estudos do Negro na Bahia, 1989.

BASTIDE, Roger. *A poesia afro-brasileira.* São Paulo: Livraria Martins Editora, 1943.

____. *O Candomblé da Bahia.* São Paulo: Companhia das Letras, 2001.

BHABHA, Homi K. *O local da cultura.* Tradução de Myriam Ávila, Eliana Lourenço de Lima Reis, e Gláucia Renate Gonçalves. Belo Horizonte: Ed. UFMG. 1998.

BOSI, Ecléa. *Memória e sociedade*: lembranças de velhos. São Paulo: Edusp, 1987.

CADERNOS NEGROS. Poemas Afro-Brasileiros. Organização de Esmeralda Ribeiro e Márcio Barbosa. São Paulo: Quilombhoje, n. 25, 2002.

CHEVALIER, Jean. *et. al. Dicionário de símbolos.* Rio de Janeiro: José Olympio, 1999.

COSTA, Haroldo. *Fala criolo.* Rio de Janeiro: Record, 1982.

EGYDIO, Sylvia; OLIVEIRA, Kinsan R. de. Negras da diáspora: todo o poder para as Ayabas. *Revista Vozes,* Petrópolis, n. 4, 1993.

FERNANDES, Florestan. *A integração do negro na sociedade de classes.* Rio de Janeiro: Centro de Pesquisas Educacionais, Instituto de Estudos Pedagógicos, Ministério da Educação e Cultura, 1964.

FONSECA Jr., Eduardo. *Dicionário antológico da cultura afro-brasileira.* São Paulo: Maltese, 1995.

GILROY, Paul. *O Atlântico negro*: modernidade e dupla consciência. São Paulo/Rio de Janeiro: Ed. 34/Centro de Estudos Afro-Asiáticos, Universidade Cândido Mendes, 2001.

HALL. Stuart. *Da diáspora*: Identidades e mediações culturais. Organização de Liv SoviK; Tradução de Adelaine La Fuardia Resende. *et al.* Belo Horizonte: Ed. UFMG; Brasília: Representação da UNESCO no Brasil, 2003.

LIMEIRA. José Carlos. *Malakê* (poesia). Salvador, 2002. Mimeografado.

____. *Negras Intenções* (poesia). Rio de Janeiro: Edição dos Autores, 2003.

LUZ, Marco A. *Agadá*: Dinâmica da Civilização Africano-Brasileira. Salvador: Centro Editorial e Didático da UFBa e Sociedade de Estudos da Cultura Negra no Brasil, 1995.

MARQUES, Francisca. *Festa da Boa Morte:* identidade, sincretismo e música na religiosidade brasileira. Rio de Janeiro: Laboratório de Etnomusicologia (UFRJ), 2000.

MOTT, Maria Lúcia de Barros. *Submissão e resistência*: a mulher na luta contra a escravidão. São Paulo: Contexto, 1988.

MORALES, Anamaria. O Afoxé Filhos de Gandhi pede paz. In: REIS, João José (Org.). *Escravidão & invenção da liberdade.* São Paulo: Brasiliense, 1988.

PRANDI, Reginaldo. *Mitologia dos Orixás.* São Paulo: Companhia das Letras, 2001.

SILVA, J. Conceição da. História de lutas negras: memórias do surgimento negro na Bahia. In: *Escravidão & Invenção da Liberdade.* Estudos sobre o negro no Brasil. São Paulo: Brasiliense, 1988.

SODRÉ, Muniz. *Claros e escuros:* identidade, povo e mídia no Brasil. Petrópolis, RJ: Vozes, 1999.

____. *O terreiro e a cidade*: a forma social negra e brasileira. Rio de Janeiro: Imago; Salvador: Fundação Cultural do Estado da Bahia, 2002.

SOUZA, Florentina. Imagens e contra imagens do negro. *In:* CONGRESSO ABRALIC, 5, 1988, Rio de Janeiro. *Anais*... Rio de Janeiro, 1988.

6. PALAVRA POÉTICA EM TRANSE/TRÂNSITO: MANIFESTAÇÕES PELOS SETE BURACOS DA MINHA CABEÇA[1]

Jussara Santos

> *"[...] Quem não risca não sabe os rios da palavra, o labirinto de haver escrito sem estremecer. Eu mesmo me avio: parceiro da chuva, do capim-cebola preparo um livro de cortar.*
> *E se perguntam: ainda não é manhã? É quando eu no verbo faço manhã ou noite. A treva é a escrita, nem mais, nem pois. Deus não entortou linhas por que escrevia canhoto?*
> *Medo o só da escrita com leitor viajante. Mas se há leitor de lidas,* a *e* b *são histórias infernas.*
> *Com modos e truques de ouvir".*
>
> Edimilson de Almeida Pereira

Iniciar. Certo dicionário de símbolos diz que "iniciar é, de algum modo, fazer morrer, provocar a morte". O dicionário ainda salienta que a morte pode também significar a passagem por uma porta que daria acesso a um outro lugar. A saída ou morte corresponderia, então, a uma entrada, um início, reinício. Eis-me aqui, iniciada iniciante, aventurando-me no universo da palavra de Edimilson de Almeida Pereira.

Achados da emoção inicial

"No princípio era o Verbo", assim inicia-se o *Evangelho* de São João. O Verbo estaria inscrito em Deus, preexistente à criação. Desse modo, desde o princípio era a palavra, essa força tanta que manifesta o mundo.

Edimilson de Almeida Pereira parece-me consciente dessa força, fazendo, no verbo, noite ou manhã: "E se perguntam: ainda não é manhã? É quando eu no verbo faço manhã ou noite". Eis a palavra e seu poder de transformação.

Sendo assim, busco aqui refletir o tratamento dado à palavra pelo poeta e a relação dessa palavra com o universo negro, afro-brasileiro ou afrodescendente. Edimilson de Almeida Pereira integra uma vertente poética que tenta transgredir uma tradição da literatura afro-brasileira ou afrodescendente que se fecha na cor da pele.

Entendendo a poesia como espaço de provocação do diálogo e de busca de experimentação de novas sensibilidades, a construção poética de Almeida Pereira parece movida pelo esforço de conhecer a potencialidade da palavra no resgate das tradições africanas, enquanto elementos significativos da cultura negra ou afrodescendente. Na experimentação da linguagem, dialogam, portanto, o passado – ao qual o poeta sabe pertencer – e o presente, que se mostra no conjunto de relações que o poeta vivencia.

Quanto a mim, sou levada pela necessidade, desejo e curiosidade de verificar o caminho empreendido por ele no seu processo de conhecimento e enfrentamento do potencial da palavra, ao resgatar as tradições africanas e com elas dialogar.

Como bem disse Alfredo Bosi, "começar pelas palavras talvez não seja coisa vã. As relações entre os fenômenos deixam marcas no corpo da linguagem"[2]. Assim, o *Livro de falas* remete-me ao substantivo feminino *fala*, em seu sentido dicionarizado: "Ato ou efeito de falar, alocução, discurso. Voz, palavra, frase, expressão, comunicação, significado". E também ao verbo *falar*: "Dizer palavras; expressar-se ou exprimir-se por meio de palavras; dizer. Orar. Revelar ou descobrir o que não era permitido. Dizer, contar, referir, ensinar, declarar; falar mutuamente; dialogar".

Em entrevista concedida a Steven White, Edimilson de Almeida Pereira revela seu desejo de enriquecer seus poemas com a poesia que existe na mitologia iorubá. Ainda que, dizendo-se um conhecedor não muito profundo da constituição do sagrado do universo do culto aos orixás, o poeta afirma ter consciência de que não queria apenas contar os mitos do candomblé como tantos outros muito bem já o haviam feito.

Na verdade, sua intenção era a de "internalizar, engolir a beleza dos mitos para depois devolvê-los ao mundo" (WHITE, 1995). E como bem salienta Monique Augras"[3]. "decifrar o mito é decifrar-se". Desse modo, à medida que o poeta, por meio de seus versos, internaliza os mitos da cultura iorubá, busca talvez entender melhor a dinâmica do mundo no qual está inserido.

Augras salienta, ainda, que:

> abrir-se ao mito é ouvir ressoar dentro de si o eco de antigas provações, reinventar significações esquecidas, reconhecê-las como aspectos do mesmo mundo humano. A compreensão passa a realizar-se como síntese entre o que o mito diz e aquilo que desperta o investigador[4].

Nesse sentido, nos versos de Almeida Pereira, percebe-se um homem que devora os mitos e, ao devorá-los, põe-se a conhecê-los, devolvendo-os com sentidos outros, para além do sentido sagrado que os constitui no candomblé. Logo, esse homem reinventa significações.

O *Livro de falas*[5] (1987) seria, então, o explicitar da reinvenção de significações empreendidas por um eu-poético a partir das imagens que lhe foram despertadas pelos mitos. Seguindo a ordem ritual empreendida por Almeida Pereira, inicio também por Exu, "Deus de todas as aberturas, orifícios do corpo ou portas das casas, guardião dos ritos"[6]. A Exu deve-se saudar antes do início de qualquer culto ou tarefa. Assim, ele rege aqui a abertura da fala: "Quando elegbara engoliu e restituiu tudo, mostrou que é a boca que organiza o mundo, através da fala. É a palavra proferida que recria o mundo, percebido e devolvido como significado próprio".

A epígrafe que inicia o *Livro de falas* aponta o poder de transformação de Exu Elegbara, filho de Orumilá, cortado em pedaços para poder, em seguida, regenerar-se e reunir, simbolicamente, o universo inteiro com a força da palavra. Desse modo, o eu-poético parece adquirir o espírito transformador de Elegbara.

Enquanto princípio de transformação, Exu está em tudo que existe, em tudo que vem em primeiro lugar. Para tanto, possui um caráter plural e polivalente. É capaz de ser um e múltiplo, imutável e cambiante: eis a sua *performance*. Exu caracteriza-se pela constante mudança. Está aqui e lá. "Como a própria vida transforma-se sem parar, e assim faz o universo funcionar"[7].

Não é por acaso, então, que o poeta põe, primeiramente, em cena, fazendo um paralelo com Exu, a figura do cavalo. Assim como Exu deve ser saudado, na cultura iorubá, antes da realização de qualquer ritual público ou privado, o cavalo, para muitos povos, é também um elemento iniciador. Ele simboliza o que se estende aos dois pólos do Cosmo (alto e baixo). Passando livremente da noite ao dia, da morte à vida, da paixão à ação, o cavalo "religa os opostos numa manifestação contínua. Ele é essencialmente manifestação; ele é *Vida* e *Continuidade*, acima de nossa vida e de nossa morte"[8].

Exu e cavalo estão, desse modo, em constante movimento; são a ausência de lugares fixos, são entidades móveis. Portanto, nas primeiras imagens do *Livro de falas*, nada é permanência, tudo é movimento e indagação:

> "O cavalo das indagações me prostrará. [...]
> Tua vida é nunca mas desde sempre
> pousada no princípio do mundo"[9].

O poeta, uma vez que incorpora Exu Elegbara, no seu aspecto de devoração e devolução, assume também o cavalo no seu caráter múltiplo e ambivalente. Esse movimento de devoração e devolução está presente no verso: "O cavalo sou eu e também sua negação"[10]. Pensando a palavra como também mutável, expressão em constante movimento, Exu, cavalo, palavra e poeta vão se incorporando, encontrando-se na multiplicidade e na ambivalência.

Ligado ao fogo, destruidor e triunfante, mas também à água, nutriente e asfixiante, o cavalo simboliza, pois, as nossas várias mutações. Somos sempre sim e não, certeza e a negação dela. O cavalo é figura recorrente na poesia de Almeida Pereira:

> O cavalo busca.
> Na sombra o próprio se captura.

O montador consulta vírgulas e astros.
Consulta o depois[11].

Essa recorrência pode apontar o movimento em que o eu-poético transita, de que parece ser palavra-veículo.

As múltiplas acepções da entidade poeta-Exu-cavalo-palavra traduzem-se em uma "bagagem de mutáveis espelhos"[12]. "O espelho é a miragem solar das manifestações; ele simboliza a sucessão de formas, a duração limitada e sempre mutável dos seres"[13].

O espelho, ao mesmo tempo em que reflete a imagem dos objetos, dá-nos também uma imagem invertida dos mesmos, logo uma imagem outra. Desse modo, é múltiplo e transformador. Ele pode revelar a identidade dos objetos que reflete, como também a sua diferença. Ao trazer uma "bagagem de mutáveis espelhos", o cavalo traz a multiplicidade do poeta, a multiplicidade da palavra.

A entidade poeta-cavalo-Exu-palavra apresenta-nos uma cidade a qual pode ser lida aqui como espaço de passagem, trânsito. Muitos atravessam a cidade, assim ela também é múltipla, diversa, incorpora o caráter plural da entidade. A sucessão das cidades pode ser a mesma das falas do poeta, de sua palavra múltipla.

> E sob os canais de uma cidade onde o beijo martiriza os bosques.
> Logo estaremos na estação e nenhum orvalho cederá. As esquinas afiam severamente o destino.
> Então o abraço, noutra cidade,
> e elas se sucederão[14].

Já a cidade inserida no mofo se mostra como um momento de repouso que antecede a mudança. A morte é, ao mesmo tempo, descanso e indício de alteração, que está sugerida nas palavras *incêndio e raios. A limpeza dos lustres* pode referir-se a um ritual de purificação que alterará a imagem da cidade, dando continuidade às mudanças encontradas em Exu, cavalo, palavra e poeta.

> Como a cidade no mofo a rosa de um morto sobre os jardins.

> Estaríamos aliviados se a limpeza dos lustres não rompesse
> a pedra enigmática que conduzimos. Nossa morte repousa,
> vontade merecida de um incêndio. Também eles demonstram
> as flores auxiliados pelos arlequins.
> E não sabemos porque somos a intenção dos raios.
> Como a cidade a rosa de um morto nas escolas[15].

Na "cidade inserida no mofo", a entidade poeta-Exu-cavalo conduz uma "pedra enigmática" que pode significar o poder de inauguração da palavra, o "axé, força mágico-sagrada, a energia que flui entre todos os seres, todos os componentes da natureza"[16].

Exu é saudado, em epígrafe do poema *O Encontro,* como "múltiplo e indômito". O orixá aparece como emissário de oferendas e dons e seu aspecto transformador faz o universo funcionar. O poeta, metamorfoseado em Exu, confirma-se emissário, assim como o cavalo.

Quando resgata os símbolos dos deuses do panteão africano, trazendo-os para o espaço do cotidiano, o poeta apresenta-se como uma rede de significações, contradições e conflitos, tal qual o mundo dos deuses com o qual dialoga.

Para a entidade poeta-Exu-cavalo-palavra, em suas andações, "as esquinas afiam severamente o destino", que são, na verdade, muitos. Sabendo-se múltiplo, ao poeta não cabe apenas um destino, mas destinações. E, para cada uma delas, uma metamorfose:

> Assim,
> Mudei-me em cão no ruivo das madrugadas.
> E lá senti a miséria das formas impossíveis[17].

De Exu, cavalo, palavra a cão, cuja "primeira função mítica é a de guia do homem na noite da morte, após ter sido seu companheiro no dia da vida"[18]. O cão também é veículo. "É intercessor entre este mundo e o outro, atuando como intermediário quando os vivos querem interrogar os mortos e as divindades subterrâneas do país dos mortos"[19].

Por isso, no *Livro de falas*, cavalo, cão, Exu, e palavra são elos entre o homem e o mundo dos seres invisíveis. Desse modo, ao metamorfosear-se, o poeta adentra os mundos subterrâneos onde são muitas as mudanças:

Os demônios são impessoais como as máscaras de cinzas.
Mudarei em misericórdia, depois em temeridade.
O destino me diverte, dilacera-me a pluma dos girassóis[20].

Há quem diga que os demônios são anjos que traíram a própria natureza. Assim sendo, os demônios também possuem uma dupla feição, não seriam nem o bem, nem o mal, mas transitariam entre os dois espaços, interferindo na ordem do destino. O poeta sabe das máscaras e das transformações.

A incorporação dos mitos da cultura iorubá e sua devolução com sentidos outros faz da alegoria um caminho empreendido pelo poeta. A cada releitura dos arquétipos dos orixás, um novo significado é construído.

Desse modo, no poema *Mau olhado*, as figuras carnavalescas apresentam um outro lado da festa. Silenciados todos os ritmos e sons, abandonados os carros alegóricos, o mestre-sala não mais dirige o cerimonial, ou melhor, talvez dirija um cerimonial numa quadra silenciosa, invocando o deus das canções perdidas. A quadra pode simbolizar o corpo do poeta que, silencioso, incorpora o apodrecimento, a perda das vísceras, a aflição da morte e do inferno. As "cores caídas" revelam um corpo aquebrantado:

Os carros apodrecem. Eu os recomeço com tempo e cores caídas.
As mais miseráveis, os nomes não adivinho. A lua permaneceu.
Mestre-sala roubou-lhe as vísceras de serpentina.
Ah deus das canções perdidas. Narro a aflição dos carros mortos sob a lua de Mestressala, encanecida e presa.
Um deus inominado não reina nas quadras.
Sabe o inferno e está só.
Um bicho que uma criança ameaça[21].

Mas o recomeço sempre é o retorno dos sons e da alegria. A quadra, em outro poema, apresenta-se como um espaço de êxtase e catarse de toda e qualquer empreitada do destino. Incorporar a folia e, nela, morrer, parece não significar o fim. É apenas uma passagem, um minuto de silêncio até o próximo recomeço. Ainda aqui a alegoria do trânsito, das transformações se faz presente:

Serpentina alguma morre no ar
e a folia não queda no escuro.
Um temor envolve toda alegria
e o esquecimento vigia sua eternidade.
A morte na folia ama a serpentina
e nem separa a vida de seu destino.
Em quadra ficam os dias, o amor cansado
da alegria, em quadra um desejo no teto, deidade no templo[22].

Ao aconselhar "ouvir as dançarinas e os pierrôs com suas máscaras", o eu-poético salienta a necessidade de estarmos atentos para o movimento que nos compõe, assim como para nossos disfarces e mutações, para nossas metamorfoses.

A imagem da dançarina e as máscaras dos pierrôs (que somos) referendam o trânsito, a multiplicação, vistos como fios condutores dos poemas aqui analisados. "Mas a vida é não viver e não morrer: é escrever-se noutro corpo"[23]. A cada transformação, a palavra altera-se, multiplica-se, confundindo-se com as coisas, sendo, portanto, movimento, vida.

Leda Maria Martins, ao tratar da teatralidade da cultura negra, ressalta a função dialógica dessa forma de o negro posicionar-se no mundo:

> Tal duplicidade reflete-se não apenas na formulação de sentido, mas também na elaboração de formações discursivas e comportamentais de dupla referência que estabelecem, em diferentes níveis, um diálogo intertextual e intercultural entre formas de expressão africanas e ocidentais[24].

Martins acrescenta, citando Molette, que, desde a escravidão, o negro vem criando uma técnica de sobrevivência de duplo sentido. Desse modo, essa duplicidade antes de ser artística é uma construção de vida empreendida pelo homem negro.

Assim, as metamorfoses presentes em versos de Almeida Pereira, as alterações pela palavra, são pensadas como possibilidades de exemplificação dessa dupla sobrevivência do homem negro. Afinal, no universo cultural e social de discriminação em que a população negra está inserida, cabe a ela transmutar-se em Exu e transformar-se, como ele, em excelente "jogador", pois a sobrevivência é, na verdade, um jogo.

Partindo da associação entre a árvore e os disfarces empreendidos pelo negro como estratégias de permanência, Pereira dirá:

> Aroeira é uma árvore forte; o negro é forte como ela. Das folhas da aroeira se faz remédios para curar males, o negro é conhecedor desses remédios e, portanto, é mais forte porque domina o sagrado. Por fim, da casca da aroeira se retira uma tinta para colorir objetos, o negro é como a casca da aroeira porque ele "tinge" (vence pela inteligência e pelos artifícios) os brancos que pensam oprimi-lo[25].

Portanto, seus versos podem ser lidos como a palavra que buscaria 'tingir' os disfarces com que o negro se traveste em força para vencer a opressão. É como aroeira que o negro organiza estratégias para ultrapassar as barreiras impostas.

Negras mulheres em tradução

> Largo das forras
> Eram negras: uma
> com lábios de ontem
> outra com lábios de lua.
> Eram duas: uma levava
> conselhos, a outra trazia
> a luta.
> O nome do largo era
> outro: tortura, açoite, iá!
> O largo agora é outro
> de árvores rasgadas e nuas.
> Eram negras: uma com lábios de nuvem
> outra com braços de outra.
> No largo das forras
> um riso silencioso
> lava com sopro as pedras
> corta com chuva os cabelos.
> (Edimilson de Almeida Pereira)

Certa vez, outro poeta escreveu que, um dia, vivera a ilusão de que ser homem bastaria e de que o mundo masculino tudo lhe daria do que ele quisesse ter. Porém, esse mesmo poeta nos diz que, ainda que masculino, o homem traz em si uma "porção mulher" que dá outro tom à sua vida. Falo aqui de Gilberto Gil e de sua canção intitulada *Super-homem*. Nela, Gil percebe seu corpo enquanto espaço de configuração de uma duplicidade. Seu corpo é masculino e feminino a um só tempo.

Creio que essa mesma percepção está presente em alguns poemas de Almeida Pereira, nos quais o feminino se mostra como umas das metamorfoses até aqui explicitadas. Mudando-se em Exu, cavalo cão, o eu-poético abre seu corpo, ou melhor, faz dele um território de explicitação da feminilidade, da sensualidade, das contradições e conflitos do universo feminino.

O corpo presente nesses versos fala e, pela linguagem do seu corpo, falam Nanã, Oxum, Iansã e Iemanjá. Esse corpo se torna receptáculo das Aibás, das rainhas do panteão africano.

As divindades femininas, no universo da cultura iorubá, são "as poderosas depositárias dos mistérios da gestação"[26]. Considerando, então, o poeta como aquele que gesta a palavra, fazendo-a jorrar no mundo, seu corpo vivencia os segredos do conceber, do esperar e do parir. Sendo um corpo grávido de palavras, depositário dos mistérios das Aibás, o corpo do poeta fecunda e gera.

Nesse sentido, ele é terra, símbolo de fecundidade e regeneração, a "terra de tudo, jamais serei outra"[27]. Inscrito nesse corpo há sempre um nome, um nome futuro, uma voz, uma fala, uma palavra que ele, entretanto, não alcança.

> Conheço meus segredos,
> mas há sempre o nome da flor nascente que me escapa.
> São nomes futuros, sementes e grãos que me entontecem[28].

A terra é fértil, úmida e vive os mistérios da criação e a mansidão da espera: "Ah, a toda criação me asila em gestos de quase infinita espera"[29].

Esse corpo feminino faz do amor um dos símbolos de sua permanência no mundo:

No reino do pedrassol me espero,
permanecerei por amor ao mundo que desvendo.
Não me bastam a vida e os pesadelos.
Se venho saber o amor,
serão sempre dolorosas as indagações daquele a quem amo[30].

Percebe-se no poema um corpo insatisfeito, um corpo sempre em busca de mais. O amor é princípio e porque não continuidade e aparece aqui como uma pulsão fundamental, sem a qual aquele corpo não sobreviveria. Pulsão fundamental, ainda que dolorosa, como a que propiciou a união de Iansã com Xangô, que produz tempestade. Assim como Iansã, orixá do vento que leva o último suspiro dos moribundos, esse corpo feminino se materializa em árvore, a árvore de todos os mortos:

No campo, sou a árvore de todos os mortos:
adiante, talvez, seja meu corpo entregue
à rolança dos ventos[31].

Esse corpo é, também, raiz, "raízes que me saem destino ou flor espetalada"[32]. Raízes, destinos, o poeta e sua palavra espalham-se levados pelos ventos.

Nesse universo poético, a noite pode simbolizar o tempo das gestações, do que germina, das conspirações, que "vão desabrochar em pleno dia como manifestação de vida. Ela é rica em todas as virtualidades da existência"[33]. A noite também é mistério.

Esse corpo que celebra o amor procura uma "cidade de espelhos". O espelho é, ao mesmo tempo, reflexo de uma determinada imagem e sua refração. A cidade procurada pelo eu-poético, ao refletir imagens, como o espelho, transformar-se-ia em outras.

O espelho é também um símbolo feminino. Portanto, é nessa cidade, reveladora de identidade e diferença, em que podem refletir-se, a um só tempo, vida e morte. Nela se projetarão os filhos e se celebrará o amor. A "cidade de espelhos" é útero, é fenômeno de desenvolvimento. Nesse útero, a água do rio, a chuva que fecunda, a gema que, em algumas culturas, simboliza, ao mesmo tempo, um espelho e uma espada, também dá origem a um novo indivíduo:

Para celebrar o amor procuro uma cidade de espelhos. Meus filhos não conhecem a tempestade que oculto nos olhos, ocupam-me e eu os continuo. Antes de perecermos será possível diluir o silêncio que nos adia. Temos a vida e a morte como o céu as chuvas tardias. Porque a vida não é só o rio sob as nuvens ou o amor se perdendo nas gemas do corpo esquecido[34].

Mais uma vez, o tema da duplicidade; a cidade dupla, na verdade, múltipla e em trânsito. Se é possível perceber a cidade como espaço de manifestação da diversidade, uma vez que várias são as feições que a habitam, uma *cidade de espelhos* amplia ainda mais a possibilidade do diverso. Amplia e multiplica rostos e faces.

A busca do amor prossegue na referência à água, também símbolo de passagem:

As águas, minhas filhas, abrem sete canoas,
mas por elas não te perderás[35].
Água do ventre do poeta, ventre que "respira a sabedoria dos peixes, este amor de algas nos olhos"[36].

Antônio Risério, quando de sua análise dos orikis no contexto atual, salienta o sentido que esse tipo de poema assume na sociedade contemporânea: "Achando-se em contexto diverso daquele em que nasceu, um deus deve estar sempre pronto para se modificar, em resposta às novas realidades com que se defronta"[37].

Sendo assim, se os orixás se permitem adaptações de acordo com as novas realidades que encontram, os textos que dizem deles também devem experimentar mudanças, como diz o próprio Risério:

Inovações vocabulares, temáticas, formais, mas também inovações midiáticas, já que sua transmissão não se encerra mais no âmbito estrito de antigos meios ou canais de comunicação da sociedade tradicional iorubana. Muda o mundo, mudam os deuses, mudam os textos que tematizam/condensam as personalidades e peripécias das personagens extra-humanas, mudam as vias de circulação textual[38].

Inserido no contexto do "novo mundo", os versos do *Livro de falas* dialogam com orixás já modificados, com orixás incorporados a um novo contexto histórico, social e cultural diverso da África. E, nesse sentido, configuram-se como orikis, na feição apontada por Risério.

Nesse diálogo modificado, o eu poético não lamenta um passado perdido, uma África nunca vista, apenas imaginada. Em versos, os orixás são sempre outra coisa e outra e outra; conseqüentemente, o mundo também o é, assim como o poeta e sua palavra.

Os versos escritos em primeira pessoa parecem inverter os rituais de possessão, nos quais os orixás, a fim de se tornarem perceptíveis pelos seres humanos, incorporam-se neles.

> Esse ser escolhido pelo orixá, um de seus descendentes, é chamado seu elégun, aquele que tem o privilégio de ser "montado", gùn, por ele, torna-se o veículo que permite ao orixá voltar à terra para saudar e receber as provas de respeito de seus descendentes que o evocaram[39].

No *Livro de falas*, o poeta é quem escolhe o orixá e o incorpora, fazendo dele seu veículo de possibilidades. Esse entrelaçamento de poeta e orixá é, a um só momento, vivência de identidade em alteridade, uma vez que, ao mesmo tempo em que se identifica com valores e aspectos do panteão africano, o poeta revela-se e descobre outros em si. É identidade – relação, diálogo de diferenças.

Como já mencionado, o *Livro de falas* inicia-se com a saudação a Exu (começo). Curiosamente, encerra a sua primeira parte com um poema intitulado *Princípio*, que dialoga com Oxalá, "deus de todos os começos e realizações"[40]. Assim, no livro, tudo é sempre recomeço.

No poema *Princípio*, há mais uma vez a recorrência à figura da árvore, símbolo da vida e da verticalidade:

> As árvores presenciam a criação do mundo.
> Sendo eu a respiração das aves,
> serei novamente água e árvore[41].

O poema expressa a própria regeneração. Água e árvore apresentam-se como símbolos de regenerescência. Nesse processo, com a água, o poeta busca retornar às origens a fim de energizar-se para prosseguir em suas *andações*. O movimento aqui é o de reintegração no universo, a fim de depois novamente principiar. Uma vez que precede à criação, a água permanece também na recriação.

A árvore, na qual a "água circula com sua seiva", também pode ser um elemento regenerador por meio de suas raízes, tronco e galhos. A árvore despoja-se de suas folhas, mas recobre-se sempre, todos os anos.

> "A árvore põe igualmente em comunicação os três níveis do cosmo: o subterrâneo, através de suas raízes sempre a explorar as profundezas onde se enterram; a superfície da terra, através de seu tronco e de seus galhos inferiores; as alturas, por meio de seus galhos superiores e de seu cimo, atraídos pela luz do céu, [...]. Reúne todos os elementos: a água circula com sua seiva, a terra integra-se a seu corpo através das raízes, o ar lhe nutre as folhas, e dela brota o fogo quando se esfregam seus galhos um contra outro[42].

Creio que ambos, água e árvore, sejam símbolos ambivalentes. Ambos podem ser fonte de vida e morte, conseqüentemente, de renovação. O poeta, também ambivalente, sabe a morte e vida, razão pela qual silencia e canta[43] e se multiplica.

Árvore dos nomes

Os negros estão chegando
com seus tambores: silêncio.
Os negros cantam velados.
Os Arturos estão chegando
com seus lenços azuis: silêncio
os Arturos cantam velados.
Os negros estão chegando
com seus padroeiros: silêncio.
Os negros têm nomes velados.
Os Arturos estão chegando
com seus santos: silêncio.
Os Arturos têm deuses velados.

Aos negros Arturos com seus
tambores sagrados. Silêncio,
estão cantando calados.
Os negros Arturos com seus
terços de contas. Silêncio:
são mil negros guardados.
(Edimilson de Almeida Pereira)

O poeta renasce na árvore dos nomes que constrói. Para cada nome, um rosto, uma face que não a face do poeta. Para cada nome, outro. Para cada face, outra. O eu-poético se multiplica.

Deleuze e Gattari, ao tratarem do caráter da multiplicidade, salientam que "é preciso fazer o múltiplo, não acrescentando sempre uma dimensão superior, mas, ao contrário, da maneira simples, com força de sobriedade, no nível das dimensões de que se dispõe, sempre n-1"[44].

Esse sistema, do qual se subtrairia o único da multiplicidade a se constituir, poderia, segundo os teóricos, ser chamado de rizoma. O rizoma se diferenciaria da "árvore ou da raiz que fixam um ponto, uma ordem", justamente por não se fixar, por poder ser conectado a qualquer outro rizoma, formando, dessa maneira, um encadeamento[45].

Portanto, o poeta, ao modificar-se em árvore, ao mesmo tempo em que se quer raiz fixa, termina por espraiar-se em vários nomes. Nomes de pessoas, nomes de cidades que terminam sendo a formação de seus rizomas.

Ao construir um retrato de família, em *Árvore dos Arturos* (1988), creio que o poeta busque enraizar-se, busque delinear um território, chamando em presença nomes de membros da comunidade dos Arturos, à qual o poeta também pertence: Induca, Bil, Antônio, Tetane, Mário, Tita, Intina, Zé Arthur, Geraldo Arthur.

Como salientam Deleuze e Guattari, a "árvore é filiação". Nesse sentido, a árvore dos Arturos, por intermédio de seus nomes, por que não seus ramos e galhos, compõe a genealogia do poeta. O poeta é um filho dos Arturos, é um Arturo. Seu nome se acrescenta à lista dos nomes que diz.

Porém, dizer o nome talvez seja transformar-se nesse nome e em todos os outros que ele por ventura comporte. Quando diz "Bil", por exemplo, o poeta nasce de uma árvore e depois de outra árvore, de uma sombra e de outra sombra, sucessivamente. Desse modo, o nome "Bil" termina sendo o do poeta em outro corpo: "Ô compadre: seu nome é o meu noutro corpo"[46].

Nesse sentido, o eu-poético não diz simplesmente os nomes, mas os incorpora e se multiplica em cada nome que, conseqüente, também se multiplica no nome do poeta.

Assim, ainda que nomes sejam a afirmação de um território, de uma filiação, de uma raiz fixa e necessária, creio que essa raiz e que esse território se espraiam. Deleuze e Guattari ressaltam que "a árvore impõe o verbo "ser", mas o rizoma tem como tecido a conjunção "e...e...e..."[47]. Quando se identifica com a árvore dos nomes dos Arturos, em um primeiro momento, o poeta é, tem seu nome assegurado em uma árvore identitária. Mas há, todavia, algo que escapa e a raiz, antes fixa, vai rasgando o solo, projetando outras raízes que constroem outras e outras, outras...

Com *Árvore dos Arturos*, as raízes se espraiam não só por intermédio dos nomes de pessoas e do que eles carregam, mas também por outros espaços onde se vivencia ou se vivenciou a experiência da discriminação do negro, espaços como Cuba e Cabo Verde, por exemplo.

Creio, então, que o trânsito é, sem dúvida, a instância recorrente na poética de Edimilson de Almeida Pereira. Esse poeta contemporâneo, como pertence a espaços móveis, aloca-se em lugares transitórios, o que faz dele um ser móvel também. O poeta está, assim como a palavra, em constante movimento.

A incorporação dos orixás por parte do poeta possibilitou-lhe caminhar entre o espaço do mito e o espaço dos homens. Ser, ao mesmo tempo, um orixá masculino e feminino, revela a ambivalência do eu-poético, assim como a ambivalência dos orixás.

O poeta é constante metamorfose, como a palavra, a vida. Ele é multiplicação e, como acentuam Deleuze e Gattari, multiplicidade rizomática. Rizoma, para mim, assemelha-se à tessitura. Se quando escrevemos, tecemos, construímos rizomas então. É o que Almeida Pereira faz em sua poética.

Portanto, a "multiplicidade rizomática" de que nos falam Deleuze e Gattari, a multiplicação dos nomes, nos poemas de Almeida Pereira, são índices de uma "poética da relação", no sentido dado por Edouard

Glissant: "Na poética da relação, não basta compreender uma cultura para respeitá-la verdadeiramente. Para isso, é preciso aceitar que essa cultura oponha algo de irredutível e que você integraria essa irredutibilidade na sua relação com a cultura"[48].

A poética em questão parece saber do algo irredutível das culturas com as quais dialoga, assim como se sabe integrante delas. O algo irredutível de que nos fala Glissant pode ser entendido como *opacidade*. Lidar com a opacidade é estabelecer, segundo o teórico, um trabalho de ruptura com a ação de *compreensão* que significaria dominar, reduzir uma cultura à transparência de um modelo considerado universal: *com-prender*.

Desse modo, creio que a poética de Edimilson de Almeida Pereira se processa na relação. É poesia de enfrentamento da opacidade das culturas. Logo, ao mesmo tempo em que essa poética se quer devoradora dessas culturas, é também devorada por elas. E uma vez devorada, devolve-se por outra boca.

Notas:

[1] Este texto, aqui adaptado, integra a dissertação de Mestrado em Literaturas de Língua Portuguesa/PUC-Minas, intitulada, "*Afrodicções: identidade e alteridade na construção poética de três escritores negros brasileiros*".

[2] BOSI. *Dialética da Colonização*, p. 11.

[3] AUGRAS, Monique. *O duplo e a metamorfose: a identidade mítica em comunidades nagô*, p. 17.

[4] AUGRAS, Monique. *O duplo e a metamorfose: a identidade mítica em comunidades nagô*, p. 17.

[5] AUGRAS, Monique. *O duplo e a metamorfose: a identidade mítica em comunidades nagô*, p. 99.

[6] AUGRAS, Monique. *O duplo e a metamorfose: a identidade mítica em comunidades nagô*, p. 100.

[7] AUGRAS, Monique. *O duplo e a metamorfose: a identidade mítica em comunidades nagô*, p. 95.

[8] CHEVALIER. *Dicionário de símbolos*, p. 211, grifos do autor.

[9] ALMEIDA. Visitação. *Livro de falas*, p. 97.

[10] ALMEIDA. Visitação. *Livro de falas*, p. 197.

[11] ALMEIDA. Tristão. *Corpo vivido*, p. 67.

[12] ALMEIDA. Visitação. *Livro de falas*, p. 197.

[13] CHEVALIER, 1993: 394.

[14] III/Andações. *Livro de falas*, 1987: 200.

[15] I/O Encontro. *Livro de falas*, 1987: 198.

[16] AUGRAS, Monique. *O duplo e a metamorfose: a identidade mítica em comunidades nagô*. p. 65.

[17] Destinações. *Livro de falas*, 1987: 201.

[18] CHEVALIER. *Dicionário de símbolos*, p. 176.

[19] CHEVALIER. *Dicionário de símbolos*, p. 177.

[20] ALMEIDA. *Livro de falas*, p. 201.

[21] ALMEIDA. Mau olhado. *Livro de falas*, p. 202.

[22] ALMEIDA. Quadra. *Livro de falas*, p. 229.

[23] ALMEIDA. Quadra. *Livro de falas*, p. 158.

[24] MARTINS. *A cena em sombras*, p. 53.

[25] WHITE. Entrevista via postal, 1995.

[26] AUGRAS, Monique. *O duplo e a metamorfose: a identidade mítica em comunidades nagô*, p. 60.

[27] ALMEIDA. Cuidado. *Livro de falas*, p. 207.

[28] ALMEIDA. Cuidado. *Livro de falas*, p. 207.

[29] ALMEIDA. Cuidado. *Livro de falas*, p. 207.

[30] ALMEIDA. *Livro de falas*, p. 209.

[31] ALMEIDA. *Livro de falas*, p. 209. (grifo meu)

[32] ALMEIDA. Cuidado. *Livro de falas*, 1987: 207.

[33] CHEVALIER. *Dicionário de símbolos*, p. 640.

[34] ALMEIDA. Gestação. *Livro de falas*, 1987: 210.

[35] ALMEIDA. Amor. *Livro de falas*, p. 211.

[36] ALMEIDA. Amor. *Livro de falas*, p. 211.

[37] RISÉRIO. *Oriki Orixá*, p. 169.

[38] RISÉRIO. *Oriki Orixá*, p. 171.

[39] VERGER, 1981, p. 19.

[40] AUGRAS, Monique. *O duplo e a metamorfose: a identidade mítica em comunidades nagô*, p. 173.

[41] Princípio. *Livro de falas*, 1987: 212.

[42] CHEVALIER. *Dicionário de símbolos*, p. 84.

[43] Cf. CHEVALIER. *Dicionário de símbolos*, p. 212.

[44] DELEUZE e GATTARI. *Kafka: por uma literatura menor*, p. 15.

[45] DELEUZE e GATTARI. *Kafka: por uma literatura menor*, p.16.

[46] ALMEIDA. *Árvore dos Arturos*, p. 132.

[47] DELEUZE E GATTARI. *Kafka: por uma literatura menor*, p. 37.

[48] GLISSANT. *O caos-mundo, o oral e o escrito*, p. 126.

Referências

AUGRAS, Monique. *O duplo e a metamorfose:* a identidade mítica em comunidades nagô. Petrópolis: Vozes, 1983.

BOSI, Alfredo. *Dialética da Colonização.* São Paulo: Companhia das Letras, 1992.

CHEVALIER, Jean *et al. Dicionário de símbolos.* Tradução de Vera da Costa e Sliva *et al.* 12 ed. Rio de Janeiro: José Olympio, 1998.

GLISSANT, Édouard. O caos-mundo, o oral e o escrito. Tradução de Ivan Cupertino Dutra (no prelo). In: CHAMOISEAU *et al. Écrit parole de nuit* – La nouvelle littérature antillais. Paris: Gallimard, 1994.

GUATTARI, Felix; DELEUZE, Gilles. *Kafka:* por uma literatura menor. Rio de Janeiro: Imago, 1977.

MARTINS, Leda Maria. *A cena em sombras.* São Paulo:Perspectiva, 1995.

PEREIRA, Edimilson de Almeida. *Árvore dos Arturos.* Juiz de Fora: Edições d'Lira, 1988.

____. *Corpo vivido:* reunião poética. Juiz de Fora: Edições d'Lira, 1992; Belo Horizonte: Mazza Edições 1992.

____. *Livro de falas.* Juiz de Fora: Edição do Autor, 1987.

____. *Pulsações da poesia afro-brasileira.* Juiz de Fora: Painel Humanos/ UFJF, n.3, set 1988, p. 123-134.

RISÉRIO, Antonio. Poesia afro-brasileira. *Carnaval Ijexá;* notas sobre afoxés e blocos de novo carnaval afro-baiano. Salvador: Corrupio, 1981. p. 96-99.

____. *Textos e Tribos:* poéticas extraocidentais nos trópicos brasileiros. Rio de Janeiro: Imago, 1993.

____. *Oriki Orixá.* São Paulo: Perspectiva, 1996.

WHITE, Steven F. Juiz de Fora, Brasil; Coton, USA, 27 out. 1995. Entrevista, via postal, concedida a Edimilson de Almeida Pereira.

PARTE III

TEATRO, DANÇA, MÚSICA — *POIESIS* E *PERFORMANCE*

7. DANÇA DE MALANDROS E MULATAS

Denise Mancebo Zenicola

> *No Rio*
> *do Samba e Batucada*
> *do malandro e da mulata*
> *em seus requebros gentis.*
> (Aquarela Brasileira, Samba-Enredo do Grêmio Recreativo Escola de Samba Império Serrano, 1964.)

Na cultura popular da cidade do Rio de Janeiro, saltam à nossa reflexão, dois personagens que recebemos do passado, sendo possível preservar, restaurar e difundir sua origem, nas relações de penetração social e permanência, até hoje.

Tais personagens míticos, construídos num espaço de relações e confrontos entre as culturas dominante e popular e com evidente raiz africana, movimentam-se articulando e costurando, no conjunto de práticas corporais, as peculiaridades que identificam seu povo no passado e na atualidade.

Seu valor é inquestionável e cabe pensar as tradições culturais que expressam; são consenso coletivo e, como tal, bens culturais intangíveis que diferenciam e evidenciam um jeito de ser do carioca. São heróis sem capa ou espada e têm uma trajetória não linear, repleta de acontecimentos diferenciados do padrão considerado ideal para heróis.

Estes mitos da cultura do Rio de Janeiro são os chamados malandro e a mulata. Para compreender os caminhos que percorrem em sua dinâmica social no Rio de Janeiro, é preciso observar o corpo em performance. Fica evidente que o movimento de corpo solto e ágil presentifica a manutenção do gesto ancestral africano e, mais especificamente, afro-carioca descendente. A performance modelar aponta para normas de valores e condutas; uma síntese de práticas corporais que também estão preservadas em danças rituais e profanas, sob outros vieses. Meneio de corpo que, associado ao ritmo, canto e dança, vem servindo tanto ao trabalho, à luta, à magia do ritual, ao fascínio da dança profana, quanto à adaptação social.

Suas performances revelam, além de um fim em si mesmo, a preservação de um lugar histórico – o local de dançar o Samba –, o Mangue, nos anos 20. A forma de cadência sonora e ginga corporal revela-se como uma prática social fixada no período em que se consolida o Samba urbano como música e forma de dança enlaçada, o Samba de Gafieira[1]. Desta forma, restauram costume e espaço ao apresentar seus padrões estéticos e simbólicos.

Como símbolos, precisam de palcos que os contenham e ao mesmo tempo os permitam exercitar; palcos para sua prática e permanência, vitrines para sua celebração. Neste sentido, a dança do Samba de Gafieira abre-se como um sistema ritualizado que estabelece um campo de permanência, toda vez que é performado.

É neste campo do Samba de Gafieira, como palco de *performance* e sobrevivência, que estudo os mitos do malandro e da mulata.

Como os mitos estão presentificados no corpo que dança?

O corpo, em performance, além de tornar-se objeto da ação descritiva do mito, é também e, principalmente, a própria *performance*, um fim em si mesmo. Os comportamentos são duplamente restaurados e trazem em sua ação possibilidades de recriação do velho. Ao acontecer, o Samba de Gafieira apresenta duplamente a *performance* corporal da cultura carioca, tanto uma eficiente ferramenta e forma de legitimação da identidade abstrata e coletiva – o mito –, como também uma *performance* estética do jogo formal que acontece num tempo e espaço.

O malandro e a mulata são mitos e, como tal, "não são um reflexo das condições em que vive a grande maioria do povo", mas uma síntese metafórica que sofre constantes seleções e "transposições" de traços e características que vão sendo selecionados ao longo dos tempos[2]. O que se observa é que estas matrizes corporais fixadas nestes dois mitos afirmam a identidade de um grupo de brasileiros que se diferencia dos demais; um grupo que, entre determinadas características, firma um jeito peculiar de irreverência e de dançar e prefere, naturalmente, o Samba de Gafieira.

O Samba de Gafieira consegue desta forma resgatar construtos corporais pela ótica do Mangue, onde foi forjado o mito da malandragem – da mulata e do malandro –, uma certa imagem do carioca resgatada da cultura popular e de rua. Ao mesmo tempo, os atuais bailes e festas populares apresentam na dança do Samba de Gafieira, em conotações simbólicas e pelas atividades do corpo, o que significa hoje sua função contemporânea: memória, prática e resistência.

O corpo masculino e feminino que dança o Samba de Gafieira vem de uma construção iniciada do fim do século XIX, numa cidade identificada com a consagração artística, o poder político, econômico e social. Neste cenário, antigos escravos procuram inserir-se, trazendo seus costumes: a macumba, o candomblé, a capoeira e batuques, práticas que não eram bem vistas em uma cidade ávida de progresso e civilidade em padrões europeus e franceses, a "Paris dos Trópicos", que deveria ser o cartão-postal do país.

Antevendo a criação do mito, este par já havia sido citado pelo padre Jesuíta, conhecido como Antonil, no século XVIII, em 1711, "o Brasil é o inferno dos negros, o purgatório dos brancos e o paraíso dos mulatos e das mulatas"[3].

A malandragem do mundo popular e urbano abre caminho para a cultura negro-proletária da qual emerge o malandro, que vive na orgia e no Samba, bom na capoeira, na dança do Samba, esperto e cheio de ginga e jogo: do carteado, da fala e do gesto.

> MALANDRO
>
> Naquele tempo
> atravessava a rua
> um tipo de estranha ginga

pele e palavra morenas
movimentos felinos
luz negra em olhos de gato
posso vê-lo no meu sonho
jamais tocá-lo
não falo a sua língua
ele entende a minha
me mostra a fronteira
entre o desejo e o mundo
e leva o desejo
como uma bandeira erguida
em meu sonho posso vê-lo
e nas festas da vida[4].

Inicialmente, o malandro é negro, pobre e transgressor. É carioca e habitante dos inúmeros cortiços e favelas da cidade do Rio de Janeiro, considerado pelas classes dominantes preguiçoso e, principalmente, uma figura não confiável; na verdade, não é honesto, nem ladrão – é malandro –, um dos principais alvos de perseguição das políticas saneadoras e urbanísticas da cidade, no início do século XX. Como sujeito do samba, sabe como viver, não aceita empregos mal remunerados, considera-se um "batalhador noturno" e usa o "samba como meio de auto-expressão"; se na origem portuguesa "malandro" é vagabundo, em outro sentido malandro significa "bamba", palavra de origem Banto, em que este seria um "negociador, um tipo de representante diplomático circulando entre os mundos afro-brasileiro e a elite"[5]. Este corpo astuto e dançante, cidadão precário e alvo da cruzada antimalandragem, tem em si sua estratégia de sobrevivência. Trata-se de um corpo esguio, habilidoso, usa navalha na barra da calça, é rápido na finta e no ataque, por isso, temido e respeitado pelos homens; está sempre bem vestido e perfumado, sendo bom amante, logo, desejado pelas mulheres, sabe ser galante e dançar um bom Samba de Gafieira, com muita ginga e molejo, um bamba, considerado extremamente perigoso. Usa bem seu corpo, seja na luta, na dança ou no amor. Um ser da fronteira social e que também oscila entre utopia e vida, representa ao mesmo tempo os desejos e anseios populares do "proletário, do negro, do oprimido" de ascensão social, além de alimentar fantasias coletivas de viver pelo e para o prazer, o "inimigo do batente"[6].

MULATA

Não dança tango
Nem swing e nem rumba
Gosto do choro
Do batuque e da macumba
Sou brasileira
Tenho a pele da cor de sapoti
Gosto de samba porque faz
Meu corpo sacudir[7].

A mulata que dança o Samba de Gafieira é também afrodescendente, alegre e portadora de um belo corpo, generoso em curvas. Trata-se da cabrocha, da sambista e porta-estandarte, da passista da escola da samba. Seus movimentos no Samba, tanto o Samba no Pé como no Samba de Gafieira, sempre têm elementos da ginga, trejeitos de ombros e rebolado miudinho. Este corpo feminino também é sensual, como o do malandro, sua imagem está constantemente cercada de amores e crimes passionais. Faceira, oscila entre dois tipos idealizados de mulher: a que sozinha sustenta considerável número de filhos de antigos amores e a que, dissimulada, é traidora e destruidora de homens e lares. Sua habilidade corporal está em ser excelente sambista e conquistar os homens por meio da dança, pelo seu requebro invejável. No andar, diferencia-se das demais pelo passo miudinho e rebolado[8]. Via de regra, à mulata são atribuídos dois padrões de comportamento: da figura feminina com poder e cruel frieza, ingrata e traidora, que abandona e destrói seu companheiro; bem como o papel da "mulher malandra", a mulher da orgia, que leva vida desregrada e transita sem pouso fixo: que tem brilho e não é possível enquadrá-la a qualquer tipo de comportamento porque é incontrolável, rebelde às imposições da moral, amante da liberdade, indiferente ao bem-estar tanto material quanto afetivo que a vida conjugal lhe possa oferecer, não se confunde com a prostituta, não age por interesse financeiro ou à procura de segurança. Nestas duas perspectivas, o sujeito feminino é forte, tem caráter ambivalente, dinâmico e vigoroso, mulher de ação e de movimento rítmico, promove o prazer coletivo, a mulher livre e sensual é a que não se pode ter, não por muito tempo.

> Quando ela dança
> E com a mesma esperança
> Todos lhe põem o olhar...
> Ela nasceu
> Com o destino da lua
> Para todos que andam na rua
> Não vai ser só pra mim[9].

Ao dançar o Samba de Gafieira mantém um duplo perfil, oscila entre a mulher submissa que obedece ao comando do cavalheiro, mas, a qualquer momento, também sabe usar da sua ginga e subverter a ordem de comando, como o malandro, também considerada extremamente perigosa.

A figura da mulata é confundida, nos anos 20 e 30, com a figura da baiana nos teatros de revista, o que revela superficial conhecimento das matrizes negras. Uma das primeiras aparições deste personagem é retratada na Revista *Tim-Tim*, de Souza Bastos, em 1893, onde uma mulher canta o Lundu, "O Mugunzá".

Foto I – Baianos legítimos. Desenho de Mendez, 1938

O que se nomeia como baiana, na verdade, é a grande mãe negra africana ou afrodescendente, a preta velha e sábia, geralmente iniciada, vendedora de quitutes, ervas curativas e provedora da família. Esta mãe negra, num claro processo de branqueamento, desvalorização de gênero e estilização, vai virando a mulata, perdendo em sabedoria e conhecimento e ganhando em sedução. Conforme perde em saber, perde sua origem, logo, seu passado e enraizamento ancestral, fica solta na escala social; nem branca nem negra, nem séria trabalhadora/religiosa nem prostituta, entra no viés do desvio, aceita enquanto jovem e desfrutável, como fruta para ser comida por qualquer um – "pele de sapoti" – e, qual a fruta, é cheia de carnes e muito doce; velha, perde a utilidade.

A mulata hoje assume contornos musculosos, é alourada e tem cabelos lisos; assim, as características da sensualidade, quadris fartos, ginga, sensualidade e malícia, atribuídos originariamente à negra, migram para a mulata, numa "forma de apropriação/expropriação". Ao virar mulata, deixa de ser "a nega do cabelo duro" ou "a boneca de piche da cor do azeviche" e, assim como o malandro, "novamente o modelo híbrido" é instaurado, o que descaracteriza o negro e permite o devaneio do euro-brasileiro.

Foto 2 – Casal no poste – Lan 1980

Os trajes urbanos desses dois mitos têm características bem definidas: a mulata passa da roupa tradicional de mucama, turbante, colares e chinelas rasteiras para a sandália alta, saia ou vestido curtíssimo e blusa sempre decotada, ou pode chegar ao sumário biquíni, bordado de paetês e glamurosa composição de penas e plumas na cabeça, imortalizado pelas mulatas que fazem *show* para turistas e são as famosas passistas das Escolas de Samba, a madrinha de bateria. O malandro, que até os anos 30 tem navalha no bolso, lenço no pescoço, chinelo charlote, passa a usar a famosa camisa listrada, calça social larga e clara, geralmente de linho branco, sapatos bicolores e o infalível chapéu de palha; a esta versão se acrescenta ainda o paletó de linho e eventualmente uma bengala e gravata vermelha, assumindo a caricatura do burguês engravatado.

O traje masculino usado pelo malandro é encontrado também em outro personagem, bastante conhecido na Umbanda e no Candomblé: seu Zé Pelintra. Seu Zé, também mitológico, vem do Catimbó, nordestino onde ainda aparece, só que com trajes mais rurais; por volta dos anos 20 [1920] aparece no Rio. A figura do "Malandro Divino" aparece em outros lugares também, como em Cuba e Porto Rico. Um Bamba, ou seja, excelente negociador e diplomata, "Zé Pelintra representa uma figura singular e transgressora, histórica e ficcional, que pertence a vários universos a um só tempo"[10]. Esta similaridade de trajes evidencia as características urbanas assumidas por ambos os mitos, do malandro e de seu Zé Pelintra, o que aproxima e os fideliza; o primeiro, o tipo profano da rua e da boemia, e o outro, também um diplomata, que oscila entre o sagrado e o profano. Ambos são matrizes afrodescendentes, mais especificamente, afro-cariocas.

Na "passagem dos anos 20 para 30, pula-se de uma separação, de uma marginalização quase absoluta do elemento negro, para a absorção pelo poder do discurso da mestiçagem"[11]. A ascensão de elementos subalternos em símbolos nacionais acontece na mesma década em que o Samba de Gafieira se sedimenta como dança social e de entretenimento e começa sua lenta e contínua expansão para fora do gueto de origem; do Mangue para os salões da classe média.

A partir dos anos 30 [1930], malandro e mulata, juntamente com a feijoada, samba e carnaval, passam a representar símbolos de uma cultura mestiça considerada rica e forte justamente por ser resultado de misturas raciais, cultura miscigenada da nossa identidade nacional.

Dos anos 30 para os 40, este malandro sofre mudanças; pressionado por políticas sociais do Estado Novo, o malandro anti-herói vai migrando do negro mal vestido para o campo do malandro mulato regenerado e já aparece bem vestido. A representação do negro na sociedade vai progressivamente adquirindo branqueamentos culturais no desenrolar do processo desta construção simbólica, "neutralizadas numa sociedade utópica", num claro sentido de desafricanização; no entanto, perde-se alguma característica de perigo iminente, não ganha total aceitação social, "restou-lhe apenas a característica de extrema sensualidade" e um olhar social menos desconfiado.

David Meltzer, que em 1942 esteve no Brasil para roteirizar o filme não acabado *It's All True*, de Orson Welles, define a figura do malandro já refinado, bem vestido e aproximado do padrão burguês e branco:

> "O malandro literalmente é um cavalheiro (*gentleman*) que não trabalha. A palavra cavalheiro é usada propositadamente porque o malandro não é um vagabundo na definição comum da palavra: ele é o tipo que elevou na categoria do "não-trabalhar" ao nível profissional ou a uma arte [...] O malandro tem o andar pomposo e empertigado desde o começo, andando gingado como um pato. Tem o violão muitas vezes e cheira a água de colônia Flórida. Tem um palito de fósforo sempre em sua boca, bem próximo da sua guimba de cigarro, molhada de saliva. Ele é sustentado por sua pobre e querida velha mãe ou alguma prostituta, ou mesmo a Madame da casa do bordel. Permanece toda a noite cantando, jogando cartas e brigando. O malandro é sempre um bom jogador de Capoeira. Na verdade, o único dinheiro real que ele faz por si, mas é usando sua bravura belicosa para coagir eleitores nas eleições. Então ele não é chamado malandro, mas "guarda-costas". O dinheiro invariavelmente vai para roupas finas e novo violão"[12].

O malandro vai ficando branco, para o negro fica a perversidade do malandro, já a astúcia vai para o malandro mais clareado – o mulato claro, o arquétipo afrodescendente vai sendo apropriado pelas classes médias e vai branqueando e começa a adquirir conotações do antigo almofadinha, tão bem fixado por J. Carlos e registrado por João do Rio em seu personagem Jacques Pedreira, "menino de maus costumes", para quem a vida é para se conquistar belas mulheres, damas preferencialmente, e evitar, com o maior empenho, a tarefa menor de ganhar dinheiro com o próprio trabalho.

Foto 3 – J. CARLOS. Revista Picareta, 21/5/1910

Já no Estado Novo (1937-1940), em paralelo a "uma proliferação de músicas que exaltam a malandragem", a censura intensifica a repressão à vadiagem, equiparando a ociosidade a crime, no artigo 136 da *Constituição*, numa perseguição ao princípio básico do malandro de "rejeição do trabalho, estratégia de sobrevivência e concepção de mundo"[13].

Getúlio Vargas passa a acolher com bons olhos a figura popular do "bom malandro" que, se por um lado reconhece seu viés popular e de inteligência, tenta enquadrá-lo como "trabalhador número um do Brasil", numa clara tentativa de torná-lo o antimalandro. O malandro e a mulata inauguram, então, novas estratégias de sobrevivência durante o Estado Novo. Numa sociedade que quer se modernizar a todo custo e enriquecer rapidamente e, no entanto, traz um passado escravista, o malandro e a mulata, embora sofram constantes reconfigurações, sobrevivem.

O que se observa é que se os mitos da mulata e do malandro apresentam traços de exclusão social e no mercado de trabalho, por outro, criam um viés de liberdade e criatividade como formas de sobrevivência e rejeição da ordem social. Se estes mitos podem estar no campo da opção transgressora heróica, de ser marginal por princípio ético e estético da subversão do status quo, podem, no entanto, cair no submundo da bandidagem onde os direitos legais não são respeitados. Estes mitos podem atuar entre a inteligência da pilhéria e bom humor, bem como com a agressão hostil do ato de trapacear e ludibriar. De qualquer forma, mais que princípios morais, sua marca principal e proposta ideológica da malandragem está presente: "Malandro que é malandro não denuncia o outro, vai à forra", é a possibilidade de converter desvantagens em vantagem[14].

Via de regra, freqüentadores da vida noturna da cidade, em bares tradicionais, o malandro toca instrumentos, principalmente o pandeiro e o violão, além de cantar, compor sambas e dançar com perícia e leveza; a mulata é a cabrocha que samba no pé e dança com o seu parceiro.

Construídos e firmados em um mesmo período, malandro, mulata e Samba de Gafieira passam a representar o aspecto corporal do carioca, pelo viés da malemolência. O lendário malandro do Bairro da Lapa traz para a dança a sua pernada e, sempre pronto a passar o outro para trás, dança o Samba de Gafieira como faz com a sua vida, com precariedade, no desequilíbrio e muita arte.

A mulata apimenta o Samba de Gafieira com seus requebros e sensualidade, misto de provocação e sedução, traduzidos em movimentos rápidos de cruzadas defensivas de pernas, samba no pé e esquivas para cada pernada do malandro.

O malandro e a mulata, desta forma, passam a se apresentar como representantes e mantenedores dos atributos básicos dos dançarinos do Samba de Gafieira. Sua *performance* trabalha em oposição ao discurso oficial, funcionando por ser diferente dos padrões dominantes das demais danças de salão; as que enaltecem o refinamento, a elegância formal e a submissão feminina, e um alongamento verticalmente para cima do corpo, num discurso corporal que procura manter-se no equilíbrio apolíneo. Esses mitos em *performance*, com sua elegância e estética peculiares, tratam da relação com um corpo que já foi escravo e apresentam formas de dançar reveladoras das tradições africanas. Dançam com igual elegância nas curvas e vieses do corpo, oscilam entre subidas, descidas e torções corporais, trabalham no desequilíbrio dionisíaco, brincam com o tempo e o espaço. Como mitos, souberam resistir a padrões impostos e sobrevivem na vida simbólica desta dança, por meio de imagens alternativas do mundo. São símbolos locais de identidade, que aspiram ao reconhecimento da sua cidadania, potencialmente constitutivos de nossas realidades, expressão de um equilíbrio instável e dinâmico, oscilando nas formas corporais do sensorialismo afrodescendente.

Notas:

[1] Samba de Gafieira: uma forma urbana de dançar o Samba que surgiu na cidade do Rio de Janeiro na década de 20 (1920), no Rio de Janeiro, em espaços populares e majoritariamente negros, difunde-se nas festas populares da cidade, rompe reservas e preconceitos, populariza-se na sociedade. Uma dança urbana, negra, com características da dança européia, praticada como entretenimento social, sedimenta-se como um jeito de ser da cidade e do carioca. Revigora-se, sempre inovadora, atrevida, nos constantes modismos e tendências. Um fenômeno, inicialmente considerado marginal, periférico, indecente, presente em festas profanas e até religiosas, funciona como suporte para que uma ginga corporal específica, de raízes negras, seja evidenciada. (ZENICOLA. *Samba de Gafieira: performance da ginga*, p. 1).

[2] Roger Bartra *apud* CANCLINI. *Culturas híbridas: estratégias para entrar e sair da modernidade*, p. 170.

[3] *Apud Revista Nossa História*, p. 89.

[4] MATOS. *Acertei no milhar: malandragem e samba no tempo de Getúlio*, p. 216.

[5] "O dicionário Aurélio língua portuguesa afirma que a palavra *bamba* derivou da palavra *mbamba* do idioma Quimbundo, significando *valentão*. Na língua Quicongo, porém, a palavra *bamba*, com idêntica grafia significa mercador, negociador, embaixador.

Mas no Brasil, a cultura oficial persiste em considerar o *malandro* apenas como mbamba/brigão/vagabundo, em vez de vê-lo como bamba/negociador/embaixador representante da sua cultura nas terras alheias". (LIGIÉRO. *Carmen Miranda da cabeça aos pés: a pequena notável e a performance afro-brasileira*, p. 67.)

[6] *Acertei no milhar: malandragem e samba no tempo de Getúlio*, p. 128.

[7] *"Quero um Samba"*, música de Wilson Batista.

[8] José Carlos Rego define o *miudinho* como "um movimento seqüencial do samba, no qual o pé desliza. Na maioria das vezes, as pernas ficam em uma posição ligeiramente arqueada de exercício contínuo". (1976). "O bamboleado é uma cadência natural, espontânea, explícita, decorrência congênita, íntima, temperamental... o rebolado dos glúteos nas danças e no andar despreocupado nas ruas, permanente da lúdica angolana, fora a imaginária fonte poderosa do que possuímos no Brasil. Modelo e formas fornecedoras do elemento mobilizante inesgotável de potência envolvedora, perturbando o metabolismo basal dos observadores. Esse balanço, meneio de popas infatigáveis, em rotação incessante de saracoteio tranqüilo e sexual, é Angola, Angola, Angola." (CASCUDO. *Made in África: pesquisas e notas*, p. 155).

[9] *Quem há de dizer*, Lupicínio Rodrigues, [s.d.].

[10] LIGIÉRO. *Malandro Divino*, p. 34.

[11] Nelson Lima *apud* LOPES. Comentários 6, 7 e 8, p. 191.

[12] *Apud* LIGIÉRO. *Carmen Miranda da cabeça aos pés: a pequena notável e a performance afro-brasileira*, p. 66.

[13] OLIVEN. A sociedade brasileira no princípio desse século vista através da música popular brasileira, p. 100.

[14] MATOS. *Acertei no milhar: malandragem e samba no tempo de Getúlio*, p. 196.

Referências

CASCUDO, Câmara. *Made in África:* pesquisas e notas. São Paulo: Global, 2001.

DINES, Alberto. O paraíso das mulatas. *Revista Nossa História*, Rio de Janeiro: Biblioteca Nacional, Ano I, n. 3, jan. 2004.

GARCÍA CANCLINI, Nestor. *Culturas Híbridas:* estratégias para entrar e sair da modernidade. São Paulo: EDUSP, 1997.

LIGIÉRO, José Luis. *Carmen Miranda da cabeça aos pés:* a pequena notável e a performance afro-brasileira, 2000. Tese (Doutorado) – University of New York, USA, 2000. Não publicada.

____. *Malandro Divino.* Rio de Janeiro: Record, 2003.

LOPES, Antônio Herculano. Comentários 6, 7 e 8. In: LOPES, Antônio Herculano (Org.). *Entre Europa e África:* a invenção do carioca. Rio de Janeiro: Topbooks, 2000.

MATOS, Cláudia Neiva. *Acertei no milhar:* malandragem e samba no tempo de Getúlio. Rio de Janeiro: Paz e Terra, 1982.

OLIVEN, Ruben George. A sociedade brasileira no princípio desse século vista através da música popular brasileira. In: LOPES, Antônio Herculano (Org.). *Entre Europa e África:* a invenção do carioca. Rio de Janeiro: Topbooks, 2000.

REGO, José Carlos. *Dança do Samba:* exercício do prazer. Rio de Janeiro: Aldeia, 1976.

ZENICOLA, Denise Mancebo. *Samba de Gafieira:* performance da ginga. 2005. Tese (Doutorado) – Centro de Letras e Artes, UNIRIO, Rio de Janeiro, 2005. Não publicada.

MÚSICAS

OLIVEIRA, Silas de. *Aquarela Brasileira.* Samba-Enredo do Grêmio Recreativo Escola de Samba Império Serrano. Rio de Janeiro, 1964 e 2004.

BATISTA, Wilson/Valdemar Gomes. *Quero um Samba.* (samba). São Paulo: Odeom (12.342-1), Disco, Estério, 1943.

RODRIGUES, Lupicínio. *Quem há de dizer.* (samba). São Paulo. Odeom (12.863), Disco, Estéro, [s.d.].

IMAGENS

MENDES. *Baianos legítimos.* Rio de Janeiro: Editora CasuReide, 1938. Desenho.

LAN. *Casal no poste.* Rio de Janeiro: Editora, 1980. Desenho.

JOSÉ CARLOS. *Revista Picareta.* Rio de Janeiro, s.n.p, 31 de maio 1910.

8. AFRO-BRASILIDADE URBANA: POÉTICA DA DIÁSPORA EM PERFORMANCE

Adélcio de Sousa Cruz

Três diferentes trabalhos, um no campo da literatura e dois que contemplam a área híbrida da música popular, instigarem-nos a esta tarefa que, devido ao número de obras sob nossa mira, tornou-se empreitada de triplo risco: analisar de que maneira se realiza a *performance* afro-brasileira. São eles respectivamente: *Zeosório Blues*, de Edimilson de Almeida Pereira; *100ª Apresentação*, de João Bosco e Aldir Blanc; e o recente trabalho *Áfrico*, de Sérgio Santos e Paulo César Pinheiro. Nestas obras tão distintas, a afrobrasilidade manifesta sua alteridade, pois, mesmo quando se denomina uma produção artística de "brasileira", apenas, percebemos que ocultamos mais do que buscamos conhecer dentre as características que fazem parte de nossa cultura. Já sabemos de antemão que fazer tal afirmativa – esse "nós" – implica demarcar espaço, "imaginar uma comunidade". A intenção aqui não é bem esta que parece se apresentar, pois este breve ensaio procura ousar um pouco mais: revelar os "rastros/resíduos" de culturas que o adjetivo "brasileiro" oculta e silencia por trás de sua pretensa cordialidade.

Felizmente, não se faz música brasileira apenas silenciando tambores. Também, afortunadamente, não se cria um grande poema fragmentado – como nos parece a hipótese mais provável cada vez que revemos o "signo" registrado em língua espanhola por Edimilson de

Almeida Pereira – sem que a afrobrasilidade se insinue entre os versos ou se intrometa na dicção. Neste sentido, parece ainda valer a prédica da sanha modernizadora de 1922, aqui recriada: muito me interessa o que insistem em dizer que não é meu. Vai aqui mais uma reflexão sobre a insistência silenciadora da vala comum que se torna, em momentos muito preciosos de nossa trajetória histórico-cultural, o "nacional" ou "brasileiro", como queiram...

Mais do que apenas identificar aspectos que diferenciam cada um dos três trabalhos, espero, ao final deste artigo, ter logrado evidenciar o diálogo paradoxalmente tenso e delicado que esses artistas propõem com o local de sua produção, seja este Juiz de Fora, Ponte Nova, Belo Horizonte, Minas Gerais, Rio de Janeiro, Região Sudeste, Brasil, América do Sul, América Latina, Américas (Novo Mundo) e – por que não? – o "Atlântico Negro". Este último, não por isso menos importante, é simplesmente a mais recente descoberta e a *performance* proposta, seja pela literatura, seja pela música, desenha não uma totalidade fechada, mas diversos mosaicos que questionam a idéia do "sujeito universal", cantado de forma falaciosa por qualquer cultura que se quer monolítica. Já sabemos, a duras penas, que o legado das caravelas não retorna. Cabe, então, às muitas manifestações deste Atlântico peculiar lembrar às Américas que as heranças embarcadas à força nos porões dos tumbeiros emergem além da superfície da pele "negra ou mulata – como queiram".

Escrita e *performance*: verso e contraverso

Partimos da percepção apresentada por Homi K. Bhabha em relação à *performance*, pois, segundo ele, a produção dos "termos do embate cultural, seja através do antagonismo ou afiliação, são produzidos performativamente"[1]. O que indicará a presença de ato performativo na escrita de tais textos? De que maneira isto ocorre? De acordo, ainda, com Bhabha, a representação da diferença se dá por meio de "uma negociação complexa" que implica:

> O "direito" de se expressar a partir da periferia do poder e do privilégio autorizados não depende da persistência da tradição; ele é alimentado pelo poder da tradição de se reinscrever através de contingência e contraditoriedade que

> presidem sobre a vida dos que estão na "minoria". O reconhecimento que a tradição outorga é uma forma parcial de identificação. Ao reencenar o passado, este introduz temporalidades culturais incomensuráveis na invenção da tradição. Esse processo afasta qualquer acesso imediato a uma identidade original ou a uma tradição "recebida". Os embates da fronteira acerca da diferença cultural têm tanta possibilidade de serem consensuais quanto conflituosos; podem confundir nossas definições de tradição e modernidade, realinhar as fronteiras habituais entre o público e o privado, o alto e o baixo, assim como desafiar as expectativas normativas de desenvolvimento e progresso[2].

Reencenar o passado e ao fazê-lo trazer para a *performance* "outras temporalidades culturais incomensuráveis", provocará assim uma tensão permanente tanto em relação à tradição quanto à modernidade. Para tanto, Gilroy (1993) lança mão do conceito de "contra-modernidade", o que penso ser um dos pontos de partida, mas não de chegada. O que está sendo aqui analisado não pode correr o risco de se ater às dicotomias. Bhabha chama a atenção justamente para o fato dos embates culturais carregarem em si o conflito e o consenso, às vezes, simultaneamente. Interessa-me apontar as trocas entre as cargas de "contingência" e "contrariedade". Gostaria, contudo, de apropriar-me destes dois últimos conceitos e acrescentar-lhes dados da complexidade que envolve tanto a produção de subjetividade bem como àquela que diz respeito aos mais diversos fazeres artísticos. Ao primeiro, é necessário, especialmente no caso brasileiro e, em certa medida, nos casos latino-americanos e caribenhos, revelar os seguintes mecanismos: a "linha de cor", a "democracia racial", e o "fator econômico". Para o segundo termo, destaco "a contra-modernidade", a "dupla-consciência" (DU BOIS, 1903) e outra apropriação, advinda agora do mundo do esporte, o "drible" – que devo diferenciar de seu significado usual, pois aqui não se deixa o "defensor" para trás. Muitas vezes, o que ocorre é que o "zagueiro" percorrerá o restante da trajetória do "atacante" lado a lado com este último, sem, no entanto, impedi-lo de falar e atuar a partir de sua subjetividade (lembrando que ela nunca é monolítica).

Como, entretanto, isto ocorrerá no campo do texto escrito, especialmente aquele realizado nos moldes ocidentais? Graciela Ravetti (2003) indica algumas possibilidades que talvez possam esclarecer o que acontece quando produções artísticas cruzam o que Alfredo Bosi (1992) chamou de "expressões de fronteira". Será a *performance* aquilo que está submerso em outra expressão, a "Zona de fronteira", criada no verso de Aldir Blanc? Já Ravetti alerta que a *performance* "obstrui nossa condição de objetos arquiváveis"[3] e indaga como encaixotá-la ou mesmo construir uma gaiola que a aprisione. Ao que parecem sugerir textos como *Zeosório Blues*, *Áfrico* e *João Bosco, 100ª apresentação*, a *performance* é/será tanto o verso realizado ocidentalmente quanto o contraverso que, ao arrematar o "drible", carrega em si/ consigo o "defensor" (um pseudo-adversário?).

O *blues* de Zeosório: Signo antecipado?

Lançado em 2002, o livro *Zeosório Blues: obra poética 1* inicia a tarefa de reunir os poemas do escritor Edimilson de Almeida Pereira. Ele realizava assim vasta proeza, pois, como é sabido, a tarefa de publicar literatura – e devo também acrescentar a afroliteratura brasileira – no país da televisão é múltipla vitória. Amanhece nestas palavras alguma esperança que o texto escrito saiba ensinar algo diferenciado. Voltando à múltipla vitória, a seleção de poemas presente naquele primeiro volume da antologia edimilsoniana já prenunciava que outros viriam, não sem a cuidadosa e demorada avaliação do próprio poeta. A oralidade advinda do sagrado e da mundanidade do cotidiano apresentam-se ao leitor por meio de poemas retirados de *Ô Lapassi e outros ritmos de ouvido*, convidando aquele que se aventura nas páginas a apurar ouvidos e olhos. A tradição afro-mineira-católica das Irmandades do Rosário é outra inestimável fonte que está dialogando com a poética letrada, ora se valendo de sua musicalidade, ora se insinuando em forma de "suplemento". Ora insinua-se no verso a sobriedade do "Moçambique", ora a batida mais aberta do "Congo". O "blues" é "transtraduzido" na "marcha grave", no tom "dor de cotovelo" que emerge do poema que dialoga com o samba-canção.

Primeiro, deve-se repassar de maneira sucinta a trajetória poética de Edimilson de Almeida. Esta tarefa, no entanto, é ao mesmo tempo facilitada pela recente publicação de sua poesia. Os quatro volumes – *Zeosório Blues*, *Lugares Ares*, *Casa da Palavra* e *As Coisas Arcas* – reúnem todos os seus poemas publicados até então, em língua portuguesa. Adepto de uma estética concisa, enxuta, o poeta possibilita ao leitor, e conseqüentemente à crítica literária, um panorama das culturas da diáspora africana. A ligação de alguns poemas com a tradição oral e a música negra, tanto àquela produzida no Brasil quanto nos EUA, é evidente. As elipses de elementos que seriam essenciais à escrita – caso fosse apenas um texto em língua padrão – servem de lacuna pela qual os elementos africanos, afro-brasileiros, afro-americanos se inserem.

A presença do afrocatolicismo mineiro – por meio do diálogo com a tradição banto do Congado – fica evidenciada em poemas como *São Benedito*, *Nossa Senhora do Rosário*, *Inquices* e *Família lugar* (PEREIRA, 1996). Retomando os termos adotados por Homi K. Bhabha – "contingência" e "contrariedade" –, chamo aqui a atenção para o diálogo com a manifestação cultural que traz a presença de ambos os conceitos. No tocante à "contingência", há o controle exercido por áreas que, aparentemente díspares, atuam no sentido de "domesticar" a inclusão das manifestações religiosas no campo denominado "cultura popular", advindas de raízes africanas e indígenas. A "contingência" atua a partir do Catolicismo, do folclore e do nacionalismo, sendo que o primeiro e o terceiro operam de modo a conformar o segundo: o que é considerado "profano" do ponto de vista do Catolicismo – os espíritos dos antigos dialogando com o mundo dos vivos – e o que não é aceito pelo nacionalismo como cultura, com "C" maiúsculo, fica "devidamente" acomodado pelo folclore – que atualmente se encaminha para a expressão mais politicamente correta de "cultura popular".

A resposta via "contrariedade" se dá pela percepção provocada pela "dupla consciência" de pertencimento e não pertencimento simultâneo à brasilidade. Já a afiliação à "contra-modernidade" – entendida aqui como movimento de resistência ao apagamento de tradições que escapam ao escopo "moderno" – é fruto da inserção da temporalidade do latifúndio, que remete ao tempo histórico do Brasil Colônia e posteriormente Império. O "drible" executado sobre o "defensor" (os elementos de "contingência") ocorre, primeiramente, na celebração de santos católicos que ocupam – visualmente – aquele espaço reservado aos "inquices".

Ao atuarem simultaneamente, "contingência" e "contrariedade" permitem o realinhamento fronteiriço identificado por Bhabha. Nesta "zona de fronteira", os limites não conseguem simplesmente estabelecer hegemonia, pois são constantemente atravessados por outras temporalidades – como àquelas provenientes daquilo que Gilroy identificou como "Atlântico Negro" – e que, por sua vez, atribuirão novos desafios às práticas de "consenso" e "discenso" (SOLLORS, 1986), que buscam definir aquilo/aquele que pertencerá ou não a uma comunidade.

Já os diálogos com o samba e o *blues* são mais abertos, considerando-se o ponto de vista dos leitores não conhecedores da cultura afro-mineira. Há um de seus poemas – *Caros ouvintes*, presente em *Zeosório Blues* –, que incorpora de tal maneira a estética da letra de samba que é possível musicá-lo. Os textos que dialogam com o "blues" transportam a atmosfera do "lamento" dos "cantos de trabalho" e a dor da perda ora da amizade ora do amor – este último aspecto é ainda encontrado de modo semelhante no samba.

O após-blues zeosoriano

De que maneira, então, o *blues* de *Zeosório* desperta como uma espécie de antecipação de *Signo cimarrón*? Como as *performances* reunidas anteriormente se reinstalam em língua espanhola? Devido à sua "unimultiplicidade" – termo tomado de empréstimo à letra da canção *Brasil corrupção*, de Tom Zé e Ana Carolina –, o poeta se "transtraduz" e se "autotranscria" para a língua espanhola. Aqui, este conceito ganhará a seguinte interpretação: uno porque não se dilui nas múltiplas atividades que exerce. Os versos da canção em que é utilizado – "E como começo de caminho/ Quero a unimultiplicidade/ Onde cada homem é sozinho/ Na casa da humanidade" – nos remetem tanto à idéia da solidão dos "nós", formadores dos pontos de conexão de uma rede, quanto ao livro-conceito *Signo cimarrón*.

O pequeno e consistente livro de poemas apresenta aos leitores a metáfora do "*cimarrón*" – ex-escravo que escolhe viver em contato pontual com as mais diversas parcelas da sociedade à sua volta. Ao contrário do "quilombola", que surge a partir da criação das comunidades de quilombos, o seu "duplo" afro-hispânico pode não se vincular a uma comunidade apenas, permanece em contato simultâneo com a *ciudad* hispânica e o mundo dos africanos aportados no Caribe[4]. Ele exercia funções diversas, pois, para sobreviver, buscava desenvolver suas habilidades ao máximo, bem como adquirir novas. Tal característica – não vínculo a um espaço apenas – se mostra extremamente interessante, porque permite ao poeta autodefinir-se de maneira não restrita e sem perder sua(s) particularidade(s). O escritor de Juiz de Fora se conecta ao Caribe de língua espanhola, às manifestações político-culturais da comunidade afro-caribenha e, por extensão, a outros contingentes afro-hispânicos nas Américas. O cuidado na escolha das palavras que se transformam em metáforas, e o novo som que tais vocábulos poderão emitir – pois pertencem a outro idioma – ligam o texto à pletora de textos da tradição canônica da língua espanhola e, por conseguinte, aos mais diversos leitores que dela se servem.

Em *Signo cimarrón*, há o conjunto de três poemas que sintetizam, por assim dizer, as conexões com a diáspora do "Atlântico Negro" e com a cultura ocidental clássica. Os poemas em questão são intitulados "Orfeo", personagem da mitologia grega, que encontra seus pares afro-latino-norte-americanos por meio da pena do bardo afro-mineiro. Os subtítulos repousam nomeados por referências da música negra tanto no Caribe quanto na América do Norte e que, mais tarde, tornaram-se ídolos para amantes da música afro-cubana e do *blues*.

ORFEO

Beny Moré

está en el recinto el que va alquilar con
pasión sin compasión sus oídos. prepá-
rate, pues el pez no tiene escamas. su
ley es anti-silencio. antes de mí el son
se murió por estas sillas. ahora sea uno
mi movimiento, seguido de otros diez.

Bola de Nieve

hay dos maneras de cantar. para mi
estilo reclamo un largo piano, mientras

tanto estrecho como la huelga. es decir
que puedo decir todo con una sola voz.
un piano como un pavo real lanzado
de su soledad hacia la gente y el bar.

John Lee Hooker

el missíssipi es viejo, más vieja la hora
del son. con el son seco el missíssipi
aún corre en las curvas de mis arrugas.
desposé el blues, y aunque me muera
no lo dejaré. así es el ferry-boat que se
aleja del servicio pero del agua jamás.

A escolha pela personagem de Orfeu traça linhas de contato a partir da dimensão trágica das trajetórias dos outros três músicos. Trágico, aqui, no sentido da solidão que parece incorporar-se involuntariamente à vida e à obra destes artistas, uma percepção vinculada a uma "dupla consciência". É o aviso para aqueles que irão conhecer Beny Moré: "*Prepárate, pues el pez no tiene escamas*", anunciando o quão fugidia é esta arte "anti-silêncio". O pianista cubano "Bola de Nieve" – uma ironia atroz, pois o mesmo era negro –, o teclado bicolor do instrumento se metamorfoseia em cauda de um "pavão real", belo e solitário que lança seus sons sobre a "gente e o bar". A terceira conexão remonta o "Estígio", nomeado no poema de Mississipi. O *bluesman* incorpora a sina do parceiro grego "casando-se com o *blues*", e mesmo que este "morra", jamais o deixará, como o barco que "abandona o serviço", mas não deixa as águas.

A referência ao Orfeu da mitologia grega pode permitir também uma conexão com uma de suas célebres releituras: o *Orfeu Negro*, filme dirigido por um cineasta francês e que foi ambientado nos morros do Rio de Janeiro – rara oportunidade para que atores "negros" atuassem em papéis principais –, com trilha sonora de Vinícius de Moraes, que tornou um sucesso mundial a música Manhã de carnaval. Há ainda a versão mais recente deste clássico com o cantor Tony Garrido – Banda "Cidade Negra" – e uma atriz de sucesso da dramaturgia televisiva. Esta versão, não por acaso, acrescentou o tráfico de drogas à, até então, pacata "favela" carioca.

A questão racial surge de forma contundente e segue a mesma regra – a concisão – para que não se desperdice o impacto necessário ao tema. E não cabe ali nenhum uso meramente "estético", pois seu compromisso como negro/afrodescendente, pesquisador, artista/artesão da palavra não se impõe a ele como categoria de gueto ou discurso "politizado". Inscreve-se o tema na lei do "preceito", o sagrado direito à liberdade, à subjetividade insubmissa e coerente. O poeta encara o maior desafio nestes tempos da globalização, sem "fronteiras" definidas, e assume produzir uma arte em sintonia com o presente, sem abrir mão da reescrita da história, pessoal e coletiva, poesia "conectada" à contemporaneidade que se deixa atravessar por outros tempos – quando lhe é economicamente interessante –, mas não subjugada às leis da diluição da(s) identidade(s).

Edimilson de Almeida Pereira vale-se de um eu-lírico que opera na "zona de fronteira" em que se tornou o livro *Signo cimarrón*. Reencontram-se, reencenam-se ali o samba-*blues* ao sabor do *jazz*-palavra temperado por "cantos-poema" e "preceito". "Transcriados" em outra língua, a espanhola, ampliou-se a capacidade de trafegar ao mesmo tempo por "contingência" e "contrariedade", "consenso" e "discenso". Nesta *performance*, verso e contraverso não se silenciam, convidam o Outro a falar, não para ser ignorado. Ficará impossível deixar de ouvi-lo...

Áfrico: que Brasil canta aqui?

A parceria lítero-musical entre Sérgio Santos e Paulo César Pinheiro rendeu o instigante *Áfrico: quando o Brasil resolveu cantar*, lançado em 2002. O roteiro musical – assim denomino a lista de músicas e, conseqüentemente, suas referidas "letras" – expõe uma experiência singular. A história recantada/recontada/revivida a partir da própria *performance* musical ali registrada. O que destacarei aqui, devido à minha área de formação, será a escolha por uma poética da diáspora. Isto mesmo, uma poética da diáspora que se vincula voluntariamente ou não a outras obras literárias e lítero-musicais produzidas nas três Américas – em especial Brasil, Caribe e os Estados Unidos. A demarcação deste espaço se deve à peculiaridade da história que perpassa estes espaços: o passado escravista da monocultura de latifúndio. É exatamente aí que se reorganiza e se recria a diversidade das culturas africanas embarcadas, sem vontade própria, nos tumbeiros. Deixarei a apresentação por conta de Francis Hime, que assina o texto introdutório presente no encarte do CD:

> Nesse seu novo disco, ele nos mostra uma nova faceta de sua composição, através de seus áfricos, como ele os chama. Neles é interessante notar como Sérgio trabalha o ritmo, um elemento musical que normalmente é associado à alegria, e que aqui se relaciona com vários sentimentos: de sensualidade, de nostalgia, de tristeza ou até mesmo de um clima reflexivo. E que às vezes explode numa atmosfera efusiva, dançante! Sérgio encontrou em Paulo César Pinheiro um parceiro ideal para estas 14 afro-canções (como eu gosto de chamá-las), que daria muita alegria a Baden e Vinícius, criadores dos inesquecíveis afro-sambas da década de 60.

O fragmento acima contém uma série de valiosas afirmações que me permitirão retomar a pergunta que se transformou em título e indaga sobre qual parcela do país cantaria aqui, no texto das "letras de música" e na apresentação do trabalho de Sérgio Santos. Gostaria de destacar primeiramente o ponto da nomeação deste tipo de produção textual: "áfricos", "afro-canções" e a obrigatória referência aos "afro-sambas". O primeiro conceito parte do próprio Sérgio Santos, enquanto o segundo é de autoria do "prefaciador". A lembrança dos "afro-sambas" não é fortuita, pois estes se tornaram um paradigma: nomear tanto a herança africana quanto sua inscrição na tradição da Música Popular Brasileira (MPB), no caso, o samba, que não é apenas brasileiro, criou uma abertura na qual poucos se arriscam. Esta fenda composta por "temporalidades incomensuráveis" e que remete às origens africanas – plurais, sempre – permanece iluminada devido a incursões como as de Baden e Vinícius e, agora, Sérgio Santos e Paulo César Pinheiro.

Propositalmente inverti a disposição dos argumentos de Francis Hime quanto às "afro-canções" porque é necessário destacar não somente a presença, mas, sobretudo, o retorno de uma visão "oitocentista" e, mais tarde, na primeira metade do século XX, o ponto de vista "freyriano". Reaparecem as palavras "alegria", "sensualidade" e "nostalgia", vinculadas à manifestação artístico-cultural que, neste caso, dialoga com o passado colonial e imperial e ainda com a afrobrasilidade. O maior equívoco surge por meio da palavra "nostalgia", devido às implicações que ela carrega ao se tratar do tema da presença negra no Brasil. Não fica claro, entretanto, que sentido o "prefaciador" quer atribuir ao vocábulo. Para ele, os três conceitos estariam vinculados ao ritmo, mais estritamente à maneira como este seria trabalhado por Sérgio Santos. Livros como *Minha formação*, de Joaquim Nabuco, e *Casa-Grande & Senzala*, de Gilberto Freyre, ao grafarem as palavras "alegria" e "sensualidade", relacionando-as evidentemente ao negro e seus descendentes, provocaram um efeito de suspensão da violência das relações raciais no Brasil. Infelizmente, os ecos desta característica contaminam o prefácio e ainda, paradoxalmente, parte do trabalho de *Áfrico*. Porém, este CD de Sérgio Santos possui um mérito que as obras de Nabuco e Freyre não lograram: convidam o Brasil a ver sua múltipla face oculta pelos rastros/resíduos da África e suas temporalidades ressignificadas no espaço brasileiro do "Atlântico Negro". A pergunta-título que abriu esta seção é o que, apenas em parte, devido à extensão e complexidade do tema, pretendo investigar.

O silêncio rompido, mesmo timidamente

A primeira faixa do CD dispara uma sinestesia, pois convida por intermédio do canto para que o público venha "ver" o Brasil. O último verso é emblemático: "Negro que chamou pro Brasil se ver, vem ver". Duas etnias africanas são evocadas no segundo verso e arrisco sugerir que seria possível ler ambas como alegorias que representariam a pletora de tantas outras não pronunciadas. O tambor bate um chamado e desfilam mais dezessete "afro-canções". Mencionei a timidez porque ela se impõe como uma metáfora sobre a voz do cantor, que, astutamente, mantém durante todo o trabalho o mesmo tom vocal, sem notas que possam ferir ouvidos mais sensíveis; afinal, não se toca ali em "amor, barquinho, flor".

Das dezoito faixas que constituem *Áfrico*, apenas três não foram compostas em parceria com Paulo César Pinheiro. Devo registrar que ele foi parceiro de Edil Pacheco em *Afros e Afoxés da Bahia*, trabalho que conheci ainda em LP – o antigo bolachão de vinil, para a geração que teve acesso apenas ao CD e ao MP3 – e que reúne os cantos para os blocos "afro" e para os "afoxés" que desfilam durante as festividades do carnaval baiano. Cabe ressaltar ainda a peculiaridade da folia de Momo na cidade da Baía de Todos os Santos: o caráter marcadamente "afro" e, muitas vezes denominado "afro-baiano" pelos próprios moradores da metrópole, bem como pela imprensa nacional. Isto denota a intenção de diferenciar-se do carnaval "brasileiro" representado pelo desfile de escolas de samba, no Rio de Janeiro.

Em *Áfrico*, Paulo César Pinheiro reencena de forma performativa nas letras de cada música, junto com a *performance* musical de Sérgio Santos, algumas das alteridades e de temporalidades africanas trazidas para o Brasil. Ao final de cada letra, há um pequeno glossário, realizando uma tarefa de tradução lingüística e étnica, expandido o convite proposto na faixa número um: não basta "ver", pois ali são dadas algumas chaves de leitura ao público. O roteiro proposto pelos compositores parte das Minas Gerais, "Galanga Chico Rei", congregando a pletora de lugares geográficos e de etnias – ali denominadas "tribos" – na personagem e na antiga Vila Rica, rei em África, rei na antiga capital das "Geraes". A estratégia de sobreposição de nomes e temporalidades irá estender-se pelo restante da obra, reforçando o veio de intenção "inclusiva", num "consenso" bastante particular, pois, pelo que se pode observar deste esforço no que concerne à história brasileira, em grande medida, ele parece ocorrer numa espécie de "mão única". O discurso brasileiro oficial incorpora o "afro" apenas à medida que este último se torna presença visivelmente indiscutível na cultura ou em locais sociais antes proibidos a este múltiplo prefixo.

A letra "Sincretismo" realiza, além da tarefa de tradução – entendida ali como recriação/adaptação/relocação/renomeação –, a explicitação do processo de violência simbólica imposta pelo latifúndio. Os versos seguintes demonstram isto:

> Porém desde o cativeiro
> Mudou de nome seu Orixá
> E assim Dona Janaína

É Nossa Senhora da Conceição
Oxum é das Candeias
Oxóssi é São Sebastião.

Os dois versos iniciais da música referem-se ao espaço de culto de africanos e descendentes, que deverá ser secreto – privado – o "gongá" é "transcriado" em altar católico-romano. Aqui se explicita também a consciência do duplo pertencimento à tradição Iorubá e Banto, como também àquela ocidental cristã. A poética da diáspora africana delineia-se, assim, no espaço brasileiro via tradução/renomeação performática que transforma ainda as temporalidades em espaços de enunciação. O panteão de divindades vinculadas às tradições Iorubá, Banto e Nagô, por exemplo, ganha no Novo Mundo uma conformação diversa, pois na África cada orixá era cultuado numa região diferente e não se encontravam reunidos da maneira como se pode observar no Candomblé e mesmo na Umbanda. A música "Sincretismo" performatiza espaços/temporalidades: o "gongá", o "terreiro". Os mitos encontram aqui uma "transarquivo"[5] mediada pelo espaço/tempo do latifúndio, da colonização e posteriormente do Império. Permanecerão tais "transarquivos" como "expressões de fronteira"? Paradoxalmente, trazem em si a "fronteira" que as deseja excluídas como atestam a impossibilidade de a mesma silenciar tais escritos por completo.

De corpos e cantos

Retomo agora a preocupação quanto à incorporação da ideologia da "mestiçagem" ao discurso performático em *Áfrico*. Três faixas trazem o tema à baila: *Saruê*, *Gongá* e *Áfrico* que dá título ao CD. A primeira delas utiliza-se de pronomes de tratamento comuns ao universo do Brasil Colônia – "nhô" e "nhora" – em oposição aos substantivos Alabê (guardião dos instrumentos sagrados de percussão) e Ialê (mulher preferida). Repetindo o ideal da mestiçagem, os lugares-pronomes se mesclam aos lugares-substantivos". "Nhô" deita-se com Ialê, "Nhora" com Alabê. O significado das palavras se dilui, nada mais de vocábulos que signifiquem lugar de enunciação do poder nem lugar identitário não-branco (Jêje e Angola). A síntese é estabelecida a partir dos filhos: Saruê e Angolinho. "Nhô" e Ialê ganham alcunha a partir da metonímia, sua designação tem origem no tipo de cabelo crespo. Já o filho de "Nhora" recebe uma espécie de advérbio/adjetivo "genérico" de lugar: "Angolinho". É imperativo apontar o tratamento dispensado à "Nhora" ao gerar um filho, pois o verbo utilizado é "pariu". Caso fosse filho de branco, ela teria simplesmente "dado à luz". Ao contrário do que se prega, a "mestiçagem" dilui a diferença ao não permitir uma identificação étnica por parte daqueles nascidos a partir de tal processo. Para ser "nacional" ou "brasileiro", há que se invisibilizar a afroparticularidade. E tal processo não pára aqui.

A faixa *Gongá* surpreende pela proposta em forma de lamento do esquecimento, um verdadeiro hino ao apagamento das raízes múltiplas que foram trazidas para o que hoje é o Brasil. Na primeira estrofe, há toda uma reencenação da travessia do Atlântico, em que o navio negreiro é comparado às galés romanas: "Remo nas mãos, / Ferro nos pés". A comparação carrega ainda um equívoco nos versos que se seguem: "Vim dos grilhões, /Vim das galés, /Eu vim da África". Neles está expressa a idéia de que, no espaço do continente africano, havia somente a exploração e o sofrimento, não havia ali, segundo a releitura proposta na letra, uma vivência de liberdade. O paradoxo ganha contornos de hipérbole na segunda parte quando, ao final, o eu-lírico celebra a liberdade conquistada e afirma que sempre terá orgulho da "Mãe-África". O esquecimento, por parte do eu-lírico, enterrou no passado a África dos "grilhões", presente na primeira estrofe?

Surge uma apoteose invertida na terceira e última estrofe da música. Ali o "negro" já "não é mais de lá" e afirma em tom ufanista que seu altar de adoração identitária é agora o Brasil. Agora, a "contingência" se acentua e cria uma dupla e absurda idéia: passado na África, sem liberdade de espécie alguma, e presente no Brasil, sem nenhuma forma de exclusão étnica/racial. Não há na música em questão a presença da "contrariedade" ou do "discenso". Há o silêncio calmo do esquecimento. Aquele que faz questão de se resguardar na amnésia voluntária contribui para a interdição da busca de muitos. E talvez, juntamente com essa forma de afastamento da dor que poderia ser provocada pela evocação de um passado marcado, também e não só pela violência, há indivíduos/comunidades que optarão pelo interdito e até mesmo pela negação. O "drible" e a "contraditoriedade" parecem ter sido, assim, incompletos...

Por fim, resta a faixa-título, que busca trazer alguma forma de conclusão. Ao contrário da letra de *Gongá*, surge o questionamento provocado por vozes silenciadas até então. Tais vozes são nomeadas pela denominação de vários ritmos e manifestações estéticas afro-brasileiras. *Áfrico,* é a letra de música que recoloca por intermédio da pergunta, "Quando o Brasil resolveu cantar?", o interdito étnico/racial. O "nacional" terá agora, além de ouvir e dançar, que refletir a partir destes lugares de enunciação ou ainda de "expressões de fronteira". Todos os elementos que constituem a "contingência" e a "contrariedade" se encontram nas respostas à indagação ao final de cada estrofe. O desafio neste ensaio é apontar parte do "como fazer", especialmente no que diz respeito às interfaces e diálogos com o texto literário. Esta letra de Paulo César Pinheiro carrega o lembrete étnico-culturalista, indagando sobre "quem" produziu determinadas manifestações presentes nesta parte da travessia. Em *Áfrico*, não se desintegra o componente nacional, a presença de um dos maiores "poetas" da MPB é confirmação disso. O elemento étnico, precioso para tantas comunidades deste e do outro lado do Atlântico, não é silenciado, o batuque veio em baixo volume, mas é rasgado...

O Brasil afro-urbano de João Bosco e Aldir Blanc

A parceria entre o mineiro João Bosco, natural de Ponte Nova (Zona da Mata mineira) e o carioca Aldir Blanc rendeu talvez a mais frutífera *performance* afro-brasileira urbana na MPB. As letras/crônicas de Aldir Blanc trazem um ponto de vista muito próximo daquele alcançado na literatura contemporânea brasileira por Paulo Lins e Ferréz: o ponto de vista dos que moraram ou ainda vivem "dentro do tema". O texto musicado por João Bosco é recriado/traduzido nos palcos a cada uma de suas apresentações. Para este artigo, escolhi o centésimo *show* do espetáculo *Comissão de frente*, no estilo "violão e voz" que poucos brasileiros se arriscam a enfrentar em grandes palcos. Cenas do Brasil desfilam pelas canções e vou ater-me a três delas: *Gênesis, O ronco da cuíca* e *Tiro de misericórdia.*

A afrourbanidade presente no trabalho dos dois compositores vai do estivador do cais à chegada de D. Pedro II aos morros cariocas banhados de samba e, às vezes, sangue. Parafraseando o narrador de Paulo Lins: o negócio aqui é a *performance* do sangue. O registro das quatro músicas foi feito de forma contínua, sem muito espaço para a manifestação dos fãs que lotavam o teatro. São exatos quinze minutos e quatro segundos de música executada ao violão e a voz disparando narrativas. "Contingência" e "contrariedade" se fazem presentes desde o primeiro verso. "Consenso" fala, "discenso" grita abafadamente.

Em *Gênesis* há inevitável referência ao texto bíblico, porém o começo de vida ali é turvado pelas condições adversas, é sempre um "apesar de" que impulsiona aquela existência e, depois de consumada a natividade, há a advertência de Exu – "Ninguém se mete" – e a profecia de Oxum: "Esse promete...". O panteão dos orixás se manifesta dentro deste estranho cadinho que é a periferia das grandes cidades brasileiras, ora morro, ora becos, ora palafitas... Aqui se trata, entretanto, de um espaço afro-brasileiro, pois "um partideiro puxou samba..." e o "sufoco" desta gênesis lembra a "vida severina" de outra periferia. Mas como se pode observar no prosseguimento, em *O ronco da cuíca*, o tempo começa a se fechar...

Metonímia, personificação e reificação parecem ser os recursos literários que mais freqüentam as páginas quando o tema da afrobrasilidade surge. A cuíca é a metáfora do estômago; o som do instrumento é aquilo que equivale ao ruído do estômago faminto. E a fome ali representada não é somente de pão, é de liberdade. Metonímias: cuíca é partícula da bateria da escola de samba (local de digestão do alimento dos passistas); estômago (parte do "local" de transformação dos nutrientes alimentares em energia para o corpo humano). A cuíca foi humanizada, o estômago fora reificado. Alguém ordena que o humanizado instrumento musical se silencie, assim como devem ser silenciados os "contorcionismos" do estômago. Para que o público perceba a força da interrupção, o cantor corta abrupta e marcadamente versos como "A raiva dá pra parar, pra interromper. / A fome não dá pra interromper. / A fome e a raiva é coisa dos home". A violência performatizada simbolicamente, até explodir em meio à próxima composição.

Tiro de misericórdia anuncia que, entre "contrariedade" e "contingência", o nacional fará uma escolha, não permitirá o "drible". O "reizinho nagô" que tombará ao final desta tragédia anunciava as personagens da narrativa de Paulo Lins e mesmo por Patrícia Melo (Reizinho é o nome da personagem que surge em *Inferno*). Este anti-herói não receberá lágrimas da "comunidade imaginada" de maneira performática na geografia carioca: "Borel, Juramento, Urubu, Catacumba, / Nas rodas de samba, no eró da macumba. / Matriz, Querosene, Salgueiro, Turano / Mangueira, São Carlos, menino mandando". A proteção dos babalaôs finda quando a temporalidade da cidade moderna é atravessada por aquela presente nos morros, abrindo o caminho das balas em direção daquele frágil corpo. De que adiantarão os cantos? João Bosco "narra" nesta apresentação parte da letra que é suprimida em outras gravações (em especial àquelas que são gravadas para execução no rádio): o panteão de Orixás se mobilizando para a guerra.

O conflito exposto na saga do "reizinho nagô" é uma alegoria de outro: aquele que findara com a vitória das forças militares sobre a guerrilha urbana de esquerda. Aqui tais forças de repressão não são nomeadas como em *O ronco da cuíca* ("[...] coisa dos home"). No tempo das dicotomias não intranqüilas, era menos complexo indicar quem eram os inimigos. Outras personagens vinculadas às lutas dos subalternos são evocadas: Zambi (correspondente a Oxalá no panteão Banto), Ganga Zumba (líder de Palmares, ao lado de Zumbi), Patrice Lumumba (herói de uma das guerras de independência africana pós-1945), García Lorca (escritor espanhol morto durante a Guerra Civil Espanhola) e Jesus Cristo. A morte de "reizinho" não é humana – "Morreu como um cachorro e gritou feito um porco / Depois de pular igual a macaco / Vou jogar nesses três que nem ele morreu / Num jogo cercado pelos sete lados". A disputa estava consumada, pois as condições são extremamente delicadas, desiguais, porque "era muita matraca pra pouco berro". Fala a bala da "contingência", morre gritando a fala da "contrariedade". Assim, subalterno não fala e, quando o faz, haverá alguém que o ouça?

Conspiração/Conciliação

Os três trabalhos artísticos, aqui analisados apenas brevemente, apresentam cada um, à sua maneira, um aspecto da poética da diáspora. Edimilson de Almeida Pereira inscreve o recolhimento cuidadoso do banto-catolicismo em diálogo com a poesia contemporânea. A violência não é ignorada, perde lugar para a reencenação das "temporalidades incomensuráveis", "drible" realizado plenamente. Sérgio Santos e Paulo César Pinheiro surpreendem ao revigorarem a trajetória dos *Afro-sambas* de Baden e Vinícius. A releitura das travessias abre olhos e ouvidos da cidade para a alteridade. João Bosco e Aldir Blanc alertam para a cidade que se inviabilizava cronicamente, a cada exclusão cotidiana, fosse ela física ou simbólica. A violência do encontro colonial de alteridades se reinstaura. Conspiração e conciliação ainda são elementos que se excluem mutuamente. Até quando? Até quando o Afro-Brasil deixar de cantar? Prefiro as *performances* nas quais a "contrariedade" se bate com a "contingência" sem eliminação mútua. Por ora, isso parece estar restrito ao mundo da arte.

Notas:

[1] BHABHA. Homi. *O local da cultura*, p. 21.

[2] BHABHA. Homi. *O local da cultura*, p. 21.

[3] RAVETTI. Performances escritas: o diáfano e o opaco da experiência, p. 32.

[4] LUIS. Introdução a *Signo Cimarrón*, p. 9 (original em espanhol, tradução minha): "Prefere fugir e perambular sozinho, mas também elege conviver com outros *cimarrones* em comunidades ou povoados, onde conservam um sistema econômico que lhes proporciona subsistir em seu próprio ambiente, cultivar os costumes recentemente apreendidos junto das antigas crenças religiosas, para depois se unir aos movimentos de troca e justiça em busca da igualdade".

[5] O conceito de "transarquivo" aqui se refere – além da descoberta de "comportamentos performáticos e, em seguida, encontrar formas escriturais de registro e transmissão" – à atitude estética de reunir tais manifestações numa "transescritura". (RAVETTI. Performances escritas: o diáfano e o opaco da experiência, p. 39.)

Referências

APPIAH, Kwame Anthony. *Na casa de meu pai:* a África na filosofia da cultura. Tradução de Vera Ribeiro. Rio de Janeiro: Contraponto, 1997.

BHABHA, Homi. *O local da cultura.* Belo Horizonte: Ed. UFMG, 1998.

BOSCO, João. Gênesis; *O ronco da cuíca; Tiro de misericórdia.* (João Bosco ao vivo: 100ª apresentação). Rio de Janeiro: Phillips, data, CD.

BOSI, Alfredo. *Dialética da colonização.* São Paulo: Companhia das Letras, 1992.

DU BOIS, William E. B. *The souls of black folk.* New York: Avon Books, 1903.

FREYRE, Gilberto. *Casa-grande e senzala.* Rio de Janeiro: J. Olympio, 1984.

GILROY, Paul. *The black Atlantic:* modernity and double consciousness. London: Verso, 1995.

PATTERSON, Orlando. *Slavery and social death:* a comparative study. Massachusetts: Harvard University Press; London: Cambridge, 1982.

PEREIRA, Edimilson de Almeida. *Signo cimarrón.* Belo Horizonte: Mazza, 2005.

____. *Zeosório Blues: Obra poética 1.* Belo Horizonte: Mazza, 2002.

RAVETTI, Graciela. Performances escritas: o diáfano e o opaco da experiência. In: HILDEBRANDO, Antônio; NASCIMENTO, Lyslei e ROJO, Sara (Org.). *O corpo em performance:* imagem, texto, palavra. Belo Horizonte: NELAP/FALE/UFMG, 2003.

SANTOS, Sérgio. *Áfrico:* quando o Brasil resolveu cantar. Rio de Janeiro: Biscoito Fino, 2002.

SOLLORS, Werner. *Beyond ethnicity:* consent and descent in American culture. New York: Oxford University Press, 1986.

9. PERFORMANCE-CIDADÃ

Anízio Vianna

Em novembro de 2005, defendi, na Faculdade de Letras da Universidade Federal de Minas Gerais, minha dissertação de Mestrado intitulada *Rappers: Poesia, Oralidade e Performance*. Este estudo buscou investigar a poesia presente no próprio nome desta manifestação lítero-musical: *rap* - *rhythm and poetry* (ritmo e poesia). De matriz Jamaicana, o *rap* se insere na tradição vernacular dos povos africanos. Dos contadores de história (*griots*) que, acompanhados pela *kora* (instrumento de cordas tradicional), desde o século X realizam o seu papel comunitário de "bibliotecas ambulantes", como nos recorda o músico N'Faly Kouyate, da região de Guinea, que, ao lado do grupo Dunyakan, mostra pelo mundo sua fusão de *jazz* com os ritmos africanos.

Consolidado nos anos 70 na cidade de Nova Iorque, em meio aos movimentos pelos direitos civis – notadamente os dos afro-americanos –, o *rap* se insere no movimento cultural *hip-hop*. Afrika Bambaataa, teórico orgânico do movimento, ao cunhar a expressão "*hip-hop*", desejava que a soma dos chamados quatro elementos (grafite, *rap*, *disc-jóquei*, *break*) desta cultura urbana juvenil levassem a juventude hispânica e negra (de um país envolto na animosidade produzida pelos, ainda recentes, conflitos civis) ao quinto estágio: a consciência racial. Os ares proféticos do pensamento/ação de Bambaataa hoje se fazem presentes nos quatro cantos do mundo onde a cultura *hip-hop* (e em especial o *rap*) se consolidou.

Mesclada à cultura local, a poesia-*rap* surge, em diferentes épocas e lugares, como a expressão de uma juventude abandonada à própria sorte e desejosa de ser ouvida. Poderíamos fazer um paralelo dessa característica do *rap* de contestação ao *rock*. No entanto, sem me estender em demasia, gostaria de assinalar que a diferença básica entre essas duas expressões musicais urbanas se dá no enfoque dado aos elementos-chaves que as estruturam. No *rock* encontramos, num primeiro momento, a primazia da música e, no *rap*, o trabalho com a palavra.

O *rock* é expressão musical por excelência e se desenvolve a partir do advento da guitarra elétrica. O desenvolvimento da técnica guitarrística constrói uma gramática musical própria. Já a força icônica da guitarra é indissociável do gênero e delimita economicamente as condições para a produção da música *rock*, que possui uma logística complexa na qual uma gama de recursos técnicos (amplificadores, microfones) restringiu socialmente as possibilidades daqueles que desejavam desenvolver-se artisticamente por intermédio do *rock*.

O que move o *rap* é a palavra. Os elementos musicais do *rap* são um *bricolage* que se tornou possível pela da técnica do *disc-jóquei (dj)* de samplear passagens musicais de outros discos. Estas batidas sonoras são reconhecíveis: *soul*, *reggae*, *blues*, *ska*. Em suma, uma infinidade de ritmos afro-americanos incorporados às nuances regionais de cada país e que determinaram a gramática da música *rap*. No entanto, baseado em entrevistas e observações *in loco*, aponto que o *rap* nasce a partir da letra. Os elementos sonoros equivalem, portanto, a uma trama sonora feita a partir do retalho de outras músicas que, muitas vezes, se aproxima da sonoplastia. O *dj* é, em última análise, um sonoplasta. Sonoplasta do drama escrito que será encenado.

Podemos definir sonoplastia como um conjunto de sons vocais e/ou instrumentais criados para demarcar ações de uma cena num texto que poderá ser de natureza dramática ou não dramática. As ações de cena nos são dadas pelo texto-*rap* que é carregado de dramas coletivos e pessoais. E qual a função de um drama? Representar os conflitos dos homens e seu mundo. Mas todo drama prescinde de um ator porque o drama solicita a personalização de fatos vividos ou imaginados. Portanto, compete ao *rapper*, por meio da *performance*, a personalização e encenação do vivido e do imaginado.

Essa pequena digressão se fez necessária para explicitar o enfoque que dou aos meus estudos sobre o *rap*. Entendo-o como uma manifestação poética que ocorre em três níveis (escritural, musical e corporal) totalizados na *performance*. Se manifestação poética há que se perguntar a "linha evolutiva" dessa literatura. Para tanto, insiro o *rap* dentro de uma tradição vernacular africana de poesia oral que o antropólogo Edimilson de Almeida (2003) denominou Literatura Silenciosa. Literatura Silenciosa é toda literatura que se dá à margem do cânone e não nutre nenhum desejo de diálogo com as instâncias legitimadoras. Mas por que literatura? Porque faz uso da palavra poeticamente trabalhada. Todavia, palavra arquivada no corpo e que constitui o repertório de comunidades inteiras. No *rap* a palavra é a força motriz na qual a poesia encontra no corpo do *rapper* seu veículo de expressão. O corpo é a mídia do *rap*. Mídia que, historicamente, sempre antecedeu o livro.

No entanto, esboçar a poética *rap* nos parece desafiador no que tange aos critérios e formas de abordagem dessa singularíssima expressão lítero-musical contemporânea. *Rap* é obra performatizada. Obra compreendida como "o que é poeticamente comunicado, aqui e agora – texto, sonoridades, ritmos, elementos visuais; o termo compreende a totalidade dos fatores da performance"[1]. E essa "totalidade" ocorre na junção dos elementos (visuais, sonoros e verbais) que a constituem. Victor Turner desenvolve, em *The Anthropology of Performance* e *From Ritual to Theater*, os conceitos de *performance* e de rito. Turner entende a *performance* como um modo de comportamento que busca abordar a experiência humana por meio de exercícios lúdicos. Rito é, por sua vez, um ato performático com vistas a resolver conflitos e transformar o indivíduo e a sociedade. Para Turner, a vida social é um processo dinâmico e está composta por dramas sociais. As desarmonias, os ritos de passagem, os conflitos, os confrontos, tudo exige dos atores tomadas de decisão. Nesse processo de negociação – e dissolução de conflitos –, rito e *performance* possibilitam a auto-reflexão do grupo. O aspecto lúdico da *performance rap* se traduz nos códigos próprios desses músicos. A infinidade de gesticulações determina o grupo social *hip-hopper* que, somada à indumentária, possibilita o jogo identitário. Como parte desse jogo, as alusões aos terroristas islâmicos e ao universo prisional exemplificam o fato de que o poeta-

rapper se situa numa dimensão lúdica[2]. Para adentrarmos na dimensão de jogo da poesia-*rap,* devemos nos distanciar dos critérios estéticos. O "feio" é substância estética do *rapper*. Formas violentas (palavrões, fotos de cadáveres) para transmitir um contexto de violência. Para acessarmos essa poética, é necessário "rejeitar a idéia de que a poesia possui apenas uma função estética ou só pode ser explicada através da estética"[3]. A poesia sempre exerceu outras funções no *corpus* social no qual o julgamento estético limitaria o alcance e o entendimento de sua importância no agenciamento das subjetividades. No decurso das civilizações, a poesia desempenhou muitas funções, dentre elas a social e a litúrgica. Na Antigüidade, poesia era "ritual, divertimento, arte, invenção de enigmas, doutrina, persuasão, feitiçaria, adivinhação, profecia e competição"[4].

Tributária de outras expressões da diáspora africana, os *shows* dos *rappers* são ritualísticos. Lugar onde a *máquina-da-língua-falada* se junta às *máquinas* corporal e musical. Não nos é possível aqui presentificar uma atuação. Parte deste arquivo "não pode ser formulado pela escrita"[5] porque a obra-*rap* existe no tempo "pela duração da performance"[6]. A *performance* pressupõe um corpo (vozes e gestos). Sem corpo, não há linguagem. Assim, algo aqui, já nesse momento, escapa-nos e se torna irrecuperável. Resta-nos captarmos o corpo em *performance* por *flashes* e fragmentos e ao leitor seguir de forma atenta e, de certo modo, limitado pela ausência do intérprete (*rapper*) cuja presença física em si mesma – o representar o seu papel – já significa, e pelo auditório (público) que participa ativamente na criação da obra.

A minha seqüência de análise partiu do corpo porque é a *máquina*-corporal o primeiro mecanismo acionado pelo poeta-*rapper*. Antes da oralidade *maquínica*, o corpo-*rapper* aparece para determinar, naquele instante, o que deve ser ouvido, apreendido e admirado. Graciela Ravetti entende as "narrativas performáticas" como as narrativas que compartilham aspectos concernentes à *performance* "no âmbito cênico e no político-social". Nelas há:

> a exposição radical do si-mesmo do sujeito enunciador assim como do local da enunciação; a recuperação de comportamentos renunciados ou recalcados; a exibição de rituais íntimos; a encenação de situações de autobiografia; a

representação das identidades como um trabalho de constante restauração, sempre inacabado, entre outros[7].

No *rapper* verificamos o desejo de ir além do artista e dar um grau de coerência aos fragmentos que compõem a sua história pessoal e comunitária para que, assim, o sujeito possa emergir de um contexto social dado e redefini-lo "para o presente"[8].

Quando contrapomos o público e o privado e as condições do meio que possibilitaram o surgimento de determinada expressão artística, podemos pensar as diferenças possíveis entre a poesia canônica e a poesia-*rap*. A geografia de uma favela impede, em muitos casos, uma real privacidade dos seus moradores. Construídas, geralmente, pelas invasões de áreas públicas, é a favela a própria indistinção entre o público e o privado. O eu-comunitário da poesia-*rap* nasce da ausência de intimidade nos guetos. Este fator impossibilita que o sujeito seja "intimista" e produza a sua arte sem uma conexão direta com as demandas redistributivas da comunidade. Essa escrita não intimista resulta, portanto, numa escrita performática, soma das confluências entre o "pessoal e o geral"[9], autoconhecimento imbricado nos processos históricos que constituíram homem e comunidade.

> Há mesmo uma convicção crescente de que a experiência afetiva da marginalidade social – como ela emerge em formas culturais não canônicas – transforma nossas estratégias críticas. Elas nos força a encarar o conceito de cultura exteriormente aos *objets d'art* ou para além da canonização da "idéia" de estética, a lidar com a cultura como produção irregular e incompleta de sentido e valor, freqüentemente composta de demandas e práticas incomensuráveis, produzidas no ato de sobrevivência social[10].

É consenso que há poéticas. Diversidade advinda de uma impossibilidade de determinar normas que definam, por exemplo, o que é poesia nos dias de hoje. A questão do cânone ocidental já está sendo revista. A produção de listagens – e a busca por modelos – é, cada vez mais, uma atividade precária e questionável. Se a imagem pós-moderna da identidade está composta por várias identidades[11], temos o espaço necessário e a possibilidade de reescritura do(s) cânone(s). Senão, vejamos: a) o *rapper* se diz poeta; arauto; mensageiro; b) intitula a sua produção textual de rima, verso, poesia.

Sobre que viés devem ser lidos estes textos? Não estaria o artista *hip-hopper* criando seus próprios cânones? Qual é o referente do grafiteiro? Pablo Picasso? Basquiat? Ou o grafite do muro da rua ao lado? Será que a música *rap* se quer música no sentido ocidental pré-estabelecido? Deveríamos buscar harmonia, equilíbrio, beletrismo e bel canto ao observamos a estética *hip-hopper?* Harold Bloom, em *O Cânone Literário*, diz-se espantado com a "fuga do estético" presente nas academias: "Vendo-me agora cercado por professores de *hip-hop*; por clones de teorias gálico-germânicas; por ideólogos de gênero e várias crenças sexuais; por multiculturalistas ilimitados, percebo que é irreversível a balcanização dos estudos literários"[12]. A questão da poética *hip-hopper* é um desafio de leitura instigante, nunca uma fuga. Há, nos quatro elementos do *hip-hop*, o uso da provocação como procedimento estético e a "heroificação estética do crime".

Michel Foucault (2003) distingue, após concluir que a prisão "fabrica a delinqüência e os delinqüentes", dois tipos de violência: a que termina na polícia e a que se dilui na estética. O interesse literário pelo criminoso fará surgir no século XIX o romance policial. A burguesia se apropria do criminoso separando-o das classes populares: "No romance policial não se vê jamais o criminoso popular. O criminoso é sempre inteligente, mantendo com a polícia uma espécie de jogo em mesmo pé de igualdade"[13]. No *rap* brasileiro, verificamos que a relação estreita entre os moradores do gueto e os delinqüentes gera uma espécie de simbiose. O vocabulário da prisão é incorporado à poesia-*rap* que, por sua vez, torna-se o gênero musical preferido dos presidiários. Isto porque, diante da ausência de mobilidade social, os *rappers* reescrevem a memória e o corpo do delinqüente, restituindo, poeticamente, a sua condição de ser sensível, com direitos ao exercício de sua subjetividade, num claro processo de "identificação". Resposta aos sinais simbólicos que comprovam a existência de barreiras sociais que levam ao jovem afrodescendente da periferia a certeza de que o crime é o seu destino, como afirma Mano Brown: "Todo favelado é um universo em crise" (2004).

Entre *rappers* e presidiários, há uma pseudocumplicidade advinda do fato de que a hiperdesigualdade leva a maioria dos jovens brasileiros ao abandono dos estudos, ao subemprego e à criminalidade. A anomia social os une:

> Eu não tenho uma profissão, faço de tudo, já vendi frutas na feira e já carreguei caixa nas costas. Hoje, trabalho com impressão, mas é um bico, não é nada registrado. Infelizmente, minha vida é essa. Eu acho que o *rap* me resgatou, e se hoje, não estou na cadeia ou morto, é por causa do *rap*. Então, o dinheiro que eu ganhar com o *rap*, tenho que investir dentro do *rap* para poder tirar os outros irmãos, que estão na mesma condição que eu (Afrika Dee).

Os moradores do gueto e os "moradores" da prisão "comungam" o mesmo estigma e humilhação pública: "Pode-se dizer que as prisões são guetos com muros e os guetos são prisões sem muros"[14], ressalta Zygmunt Bauman. Vivendo em áreas consideradas "depósito de pobres", o gesto de *repar* é a tentativa estético-político-cultural de retomada do controle da representação e identidade coletiva. E esta retomada de controle do direito de auto-representação se dá a partir dos significantes de negatividade presentes no imaginário da sociedade brasileira. Poderíamos dizer que *repar* é provocar, e provocar é falar dos problemas presentes na cidade subjetiva não discutidos e historicamente negligenciados. Tocar, como propõe na rima os *rappers* DJ King e JC, o "*xis da questão*":

> Se colaborar no *rap* é um crime/ Eu assino o b.o. [...] nosso calibre não tem porte/ É um crime [...] genialidade que sai das *MK*/ Desse lado maloqueiro [...] canalha conosco dança diferente/ O verso é bandido/ Arrepia o fervente [...] o grande bruxo projetou a pancada terrorista/ A *hip-hópera* vai começar.

O "Boletim de Ocorrência Policial" (B.O.), o "lado maloqueiro", e o "calibre sem porte" são dêiticos de negatividade assimilados e contrapostos aos significantes que denotam positividade e afirmação: verso, genialidade, ópera. Significantes retirados da alta cultura desconstruídos e decodificados. O "verso bandido", a "genialidade" saída da "MK" (marca consagrada de toca-discos), a "pancada terrorista" que inicia a "*hip-hópera*".

Hip-Hópera. Essa palavra-valise é uma apropriação, um confronto. Produto da estética da provocação a interligar dois mundos consagrados como opostos. A paródia, aqui presente, cumpre a função de apropriação e transformação do discurso: retoma a fala "séria" e a devolve transmutada em crítica. A estética da provocação perpetrada pelos *rappers* é um gesto de reapropriação dos signos de beleza do grupo social distinto. Beleza que grupos – caracterizados como de não-consumidores (logo, sem identidade) – buscam na era do desengajamento e da guetificação do mundo: "A guetificação é parte orgânica do mecanismo de disposição do lixo ativado à medida que os pobres não são mais úteis como 'exército de reserva da produção' e se tornam consumidores incapazes, e portanto inúteis"[15].

Guetos e prisões são os universos de onde parte a poesia-*rap*. Guetos e prisões são, sobretudo, "dois tipos de estratégia de 'prender os indesejáveis ao chão', de confinamento e imobilização"[16]. Essa poesia "indesejável" nascida num contexto de barbárie é, portanto, reflexo de uma violência social. Daí, o confronto ser o tom predominante das rimas. A sociedade brasileira instaura um processo de incriminação da pobreza. Como ilustrou Gilberto Gil, num *rap* por ele composto em parceria com Caetano Veloso: *"Pobres são como podres"* no imaginário da nação Brasil.

Soma-se ao estigma territorial o estigma da cor. As rimas desafiam uma subjetividade dada, e presente em nosso dia-a-dia, que diz que o corpo negro é o corpo do marginal. As rimas demonstram que é necessário que o poeta-*rapper* efetue a constatação e a ressignificação dos elementos que demarcam o preconceito, ativando-os com vistas a provocar e trabalhar no ouvinte-leitor a sua auto-estima:

> "Eu visto preto, por dentro e por fora" (Racionais MC's, *negro drama*).
>
> "[...] pobreza para eles/É sinal de malandragem/Como ser alguém/
> Nesse mundo selvagem"?
> (Força Negra Radical – FNR, *quem precisa deles para sobreviver?*).

Na introdução do livro *Poéticas Afro-Brasileiras,* as organizadoras Maria do Carmo Lanna Figueiredo e Maria Nazareth Soares Fonseca falam de um "esperto camaleão" a escamotear a questão da problemática racial brasileira: "A consciência de uma unidade nacional, independente de raças [...] será vantajoso abrigo para acolher o esperto camaleão que, ao metamorfosear o problema racial, assim escapa da dificuldade de enfrentá-lo, em razão da suposta idéia de ele não existir"[17].

Não é possível enfrentar "o que não existe". Portanto, uma metáfora institucional que persiste entre nós é a da inexistência de racismo na sociedade brasileira, ou seja, todos, em tese, disputariam a estima social em igualdade de condições. Se há "igualdade" nessa disputa, muitas reivindicações que levam em conta a origem social e étnica do indivíduo passam a não fazer sentido porque, em certa medida, essas reivindicações comprometem a "unidade nacional". A guetificação globalizada criou a cultura do gueto. O fortalecimento desta cultura compromete o poder da elite globalizada. Uma cultura fluída, maleável, adaptável é o objetivo da nova ordem global. O poder hegemônico é mantido pela indiferenciação da cultura que insistir em pleitear redistribuições equânimes de direitos coletivos.

A indiferenciação da cultura se dá, por exemplo, por meio do argumento de que o acesso às faculdades deve ser por "critérios meritórios". No entanto, não há um aprofundamento do fato de que a instituição escola é uma *máquina* de metamodelização[18] que fabrica baixa auto-estima, sobretudo no indivíduo negro, fruto do despreparo dos professores e da falta de amadurecimento das discussões sobre a auto-imagem do povo brasileiro. O termo acesso "meritório" reduz a questão ao âmbito do indivíduo. Damos explicações biográficas a problemas sistêmicos: "Riscos e contradições continuam a ser socialmente produzidos; são apenas o dever e a necessidade de enfrentá-los que estão sendo individualizados". No entanto, segundo Bauman, "o indivíduo é o maior inimigo do cidadão", pois o cidadão busca o bem-estar por intermédio do bem-estar da cidade, enquanto o indivíduo "é cético e prudente em relação à causa comum"[19]. A pobreza e a criminalidade, para uma parte da classe dirigente e dos cidadãos brasileiros, são entendidas como problemas de ordem individual. A pobreza como inépcia do indivíduo. A criminalidade como "escolha", traço de caráter, destino: "Ele rouba porque é pobre, mas você sabe muito bem que nem todos os pobres roubam. Assim, para que ele roube é preciso que haja nele algo que não ande muito bem. Este algo é seu caráter, seu psiquismo, sua educação, seu inconsciente, seu desejo"[20].

Desde o século XIX, e em nossas experiências cotidianas, constatamos o equívoco do sistema penal que existe não para punir o delinqüente pelo que ele fez, "mas para transformá-lo no que ele é"[21]. A única mobilidade possível (visível) ocorre do gueto à prisão, da prisão ao gueto. Antes do cárcere social – prisional –, os moradores do gueto brasileiro se vêem confrontados com o cárcere privado do corpo. É o corpo do pobre que sofre o estigma territorial e de raça. Quando destituída, em princípio, do direito básico de expressão de sua subjetividade e do gozo estético, torna-se a auto-imagem prisioneira de conceitos e *habitus* sociais: "*A chama do rap incendeia/ da prisão da mente à prisão cadeia*".

A busca de reconquista da cidadania se reflete no *rap* por meio de ações concretas (ONG's, Posses) e na formulação de um pensamento crítico radical. Pensamento que se arrisca nas entranhas do Brasil que tem e o que nunca teve. MV Bill, em entrevistas, afirma que os presidiários "devem ser ouvidos", mais objetivamente; o sistema penal brasileiro não deveria retirar-lhes o direito ao voto (*Caros Amigos*, 2005). O voto é o último elo que liga o indivíduo à cidade. Destituídos desse direito, no momento da reinserção social, mais do que um emprego, o eterno "ex-presidiário" deve resgatar o sentido de ser cidadão. Muitas reflexões podem surgir quando se olha para o condenado com outros olhos. O pensamento do *rapper* introduz, na pauta de discussões, luz sobre a dor dos esquecidos. Sem direito ao voto, retira-se do presidiário o seu compromisso com a cidade.

> É que o rap de MV Bill apresenta, da perspectiva do próprio excluído, uma visão diferenciada e que se opõe diametralmente à imagem da interpenetração entre as classes e as raças e do brasileiro como tipo único. Pela primeira vez o pária fala com voz própria, com idéias que são suas e não tomadas de empréstimo. Ao fazê-lo, ele ocupa uma espécie de vanguarda crítica que ainda não tem o seu contraponto erudito. Afinal, não basta descrever e constatar a nossa anomia[22].

O texto nasce de um corpo que se transmite (gesto, palavra, respiração) para outro corpo. Sabemos que a construção da identidade passa pelo entendimento e aceitação do corpo. A voz se encontra mais próxima do significado[23]. Mas toda voz (politicamente forte e cidadã) prescinde de um corpo autoconsciente. E qual poeta fará a reescritura subjetiva do corpo do jovem-pobre-brasileiro posto que são as metáforas que alimentam as instituições e são as instituições que definem os espaços da cultura? "Não há linguagem sem corpo"; "tudo é cultural"[24]. É necessário que a rede de relações sociais seja reconstruída para que haja o processo de autoconsciência. Ressuscitar, como canta o grupo de *rap Deja Vhu*, é promover "o cultivo das tradições culturais do grupo e a releitura de sua história"[25], variáveis indispensáveis no processo de criação de uma identidade cultural compartilhada. "Ressuscitar", "sobreviver", significantes recorrentes nesta estética.

> Assim ressuscitamos sem lembranças
> sorrimos no grafite eterno dos muros
> meu amor não permite vinganças, não
> o corpo respira pelos barulhos.
> (Deja Vhu. *A multidão anônima do asfalto*).

Sobre esse aspecto, na obra *Negro qual o seu nome?*, Consuelo Dores Silva afirma que "a consciência de si – a Pessoa – emerge através das relações com os outros". As interações humanas fazem com que o indivíduo incorpore atitudes, crenças, valores, comportamentos. Portanto, "é o grupo social [...] que possibilita ao indivíduo o surgimento de seu eu consciente. A consciência de si é resultante desta adoção ou experimentação do outro; portanto, uma construção social"[26]. Percebemos que a produção poética *rap* busca essa construção da pessoa socialmente reflexiva:

> A *hip hópera* vai começar, limpar, arrasar,/Mano daqui vai assimilar, e quem vai desacreditar?/ Coerência, meu grau de consciência,/ Cienciar, me calar? /
> Não vou me calar!
> (Dj King e JC. *O Xis da Questão*).

Parece que a questão passa por mais uma reivindicação presente nas entrelinhas do discurso *rap*: o direito ao exercício social, em ambientes de hiperdesigualdade, da beleza possível. Para o estudo da poesia-*rap*, escandida em versos que são veiculados de forma irregular e fragmentada nos vinis e *CD*'s, é necessário vencer a primeira barreira para o entendimento desta poética: o preconceito. Afinal, "o estudo lingüístico da função poética deve ultrapassar os limites da poesia, e, por outro lado, o escrutínio lingüístico da poesia não se pode limitar à função poética". Se há versos, há função poética[27]. No entanto, essa poesia não reclama para si (em nenhum momento) o *status* presente na poesia canônica. Escrevo sobre uma poesia outra que, independentemente dos estudos realizados aqui nesse Terceiro Espaço, continuará sendo e representando o ritmo e a poesia da sua comunidade de origem. O *rap* "já é". Está sendo. Mas exatamente o quê? Qual a função estética exercida pelo *rap* no seio de sua comunidade de origem?

Se a dimensão estética da obra artística, por si só, não se constitui como determinante de mudança das condições sociais, nela está contida pelo menos a possibilidade de articular tais mudanças, tomando-se por base a mediação com a realidade.

Luiz Hermenegildo Fabiano, doutor em Fundamentos Históricos e Filosóficos da Educação, entende a "transcendência" numa obra de arte não como algo além do real, mas uma intervenção radical naquilo que está oculto na realidade. A estética é, portanto, num sentido mais verdadeiro e conseqüente, conhecimento crítico da sociedade. A indústria cultural busca alienar o objeto estético da sua função primeira, que é fazer com que emerjam as contradições do real e que estas, por sua vez, reverberem no social. Se encontramos, na constituição estética de uma obra, os conteúdos sociais mediados, na interpretação dos seus elementos constitutivos, encontraremos a matéria histórica.

No estético está presente "uma espécie de inconsciente histórico" que possibilita – na apreensão do objeto pelo sujeito – intercâmbios/fluições/interpretações conscientes.

As contradições sociais estão mediadas na obra de arte como material estético, escreve Fabiano. No processo de formação cultural da sociedade contemporânea, a dimensão estética ganha outro viés. A leitura dos seus elementos constitutivos objetiva resgatar o seu "potencial de consciência".

No *rap*, a matéria estética é feita dos "restos" da sociedade de consumo. As imagens das favelas; o reaproveitamento de vinis abandonados em sebos; as cenas dos soldados norte-americanos da guerra do Vietnã (recém-mutilados – restos humanos – como inspiração para a dança *break*); o uso do ruído (*scratch*) musical; *pick-ups* (toca-discos) e *sprays* até então obsoletos num lixão.

Dentre as inúmeras contradições sociais denunciadas pelo *rap*, estão os "métodos de assepsia"[28] presentes na sociedade brasileira. A estética da cultura *hip-hop* nasce dos *inutensílios* sociais sintetizados no corpo negro. Na rima *Sou Negão*; o *rapper* Rappin Hood (Robin Hood? O ladrão que roubava dos ricos para dar aos pobres?) apresenta os seus referenciais ético-estéticos (e por que não, étnicos) listando figuras do cancioneiro brasileiro que mantém forte ligação com a cultura afro-brasileira e que, agora, servem de modelos para a construção do seu próprio cânone. Vale ressaltar também o título do *cd*: *Sujeito-Homem*.

> Como Grande Othelo, João do Pulo, BB King e o Blues
> Raul de Souza, Milles Davis, improviso no jazz
> Pixinguinha e Cartola, velha guarda do samba
> Luiz Melodia e Milton Nascimento, dois bambas
> Vieram os metralhas como rap abolição
> Falando do negro e de sua opinião
> Pois, muitos negros já percorreram a trilha do sucesso
> Jackson do Pandeiro, Candeia e Aniceto
> Kizomba, Festa da Raça com Martinho e a Vila
> No ano do centenário, grande maravilha
> E a rainha do samba, Clementina de Jesus
> Que já partiu pra melhor mas Quelé divina luz
> E no futebol, temos rei Pelé
> Garrincha de pernas tortas num perfeito balé

Por uma estética de SI

Dentre os muitos estereótipos que sustentam a nossa visão sobre a vida no gueto, há a idéia de que ali existe uma comunidade unida e que (se não ocorreram melhoras em suas vidas) isso se deve em parte a questões individuais. Então, a competência, a querença, o caráter (dentre outras variáveis) repousam em nosso imaginário como determinantes do sucesso ou insucesso do indivíduo que vive num gueto. Contudo, o pobre só tem o seu corpo. Ao viver num território indesejável e abandonado (a periferia), a casa (o seu espaço privado) também é, em certa medida, indesejável e abandonada. Como morador do gueto, resta ao poeta-*rapper* investir no corpo, posto que

> um gueto não é um viveiro de sentimentos comunitários. É, ao contrário, um laboratório de desintegração social, de atomização e de anomia. [...] gueto quer dizer impossibilidade de comunidade. Essa característica do gueto torna a política de exclusão, incorporada na segregação espacial e na imobilização, uma escolha duplamente segura e a prova de riscos numa sociedade que não pode mais manter todos os seus membros participando do jogo, mas deseja manter todos os que podem jogar ocupados e felizes, e acima de tudo obedientes[29].

Moradores do Bairro Alto Vera Cruz, um dos maiores espaços de reclusão social da Grande Belo Horizonte, os *rappers* do grupo Negros da Unidade Consciente (NUC) constataram que a vida no gueto não solidifica a comunidade, já que a vida no gueto "não faz irmãos os sofredores; antes alimenta o escárnio, o desprezo e o ódio"[30]:

> cada um por si
> na favela é cada um por si
> cada um por si
> na favela é cada um por si
> (NUC. *Cada um por si*).

O próprio nome do grupo denuncia o paradoxo: os Negros da Unidade Consciente (NUC) afirmam que não há unidade nem consciência no gueto onde vivem.

Na rima *Sou Negão* percebemos que o eu da poética *rap* não se afirma apenas como individualidade. Esse eu são muitos. Uma das diferenças básicas entre a poesia *rap* e a poesia canônica reside no entendimento da relação entre o espaço público e o espaço privado[31].

Ao observar o espaço de uma favela, constato ser difícil distinguir o que é rua do que é quintal; onde se inicia uma moradia e onde outra começa. Ruas são "criadas" pelos próprios moradores à revelia do poder público; sistemas de entrega de cartas próprios inventados; novas formas de consumo são oferecidas. A fronteira entre o público e o privado é rompida, negligenciada, improvisada, fluída, fruto da hiperdesigualdade existente nas grandes periferias urbanas brasileiras; famílias numerosas dividem dois, três cômodos. "Quebrar barraco" é uma gíria carioca que faz referência ao ato sexual. No momento de maior intimidade humana, esta expressão revela a ausência de privacidade e a precariedade da moradia.

> Não há uma verdadeira privacidade, nada que proteja o sujeito que mora num barraco de periferia de ser absolutamente invadido pela rua. A relação de quem está dentro de casa com a rua não é de contemplação. A rua invade tudo com sua violência, sua sujeira, sua indignidade. O público invade o privado não pelo excesso, mas pela falta; a privatividade fica desprotegida em virtude da irresponsabilidade do Estado em relação ao espaço público, nos bairros pobres das grandes cidades do Brasil[32].

A ausência de privacidade e de apreço pelo espaço privado onde se vive faz com que a poesia-*rap* seja um investimento no corpo. Esta se diferencia da poesia canônica porque o seu eu não é o eu da individualidade *capitalística,* o eu "burguês, introspectivo, da nossa tradição universitária"[33]. Em *Sou Negão,* temos um eu-comunitário. Acompanha-o referenciais ético-estéticos e, sobretudo, étnicos nomeados na letra e que legitimam a tese do corpo: "Só mais um neguinho pelas ruas da vida". Mas a aparente fragilidade desse "*neguinho só*" traz a força de um *sujeito-homem,* de um homem-coletivo que tem o maior dos poderes. O poder de dar voz a si mesmo: "se eu tô com o microfone é tudo no meu nome". Então, o eu-comunitário abandona a sua condição de objeto (de estudo, de dissertação!) e passa a dizer com a sua voz sobre o corpo e a cor. A auto-estima das comunidades negras é tema recorrente:

portanto honre sua raça
honre sua cor
não tenha medo de falar
fale com muito amor
sou negrão, hei
sou negrão, hou.

A vida privada não é totalmente representada na poesia-*rap*. Às vezes, de forma circunstancial, mas nem sempre nos moldes da poesia canônica. Não é uma poesia intimista, introspectiva. Assim, como as casas do gueto (o privado) são entrecortadas pela rua (o público) o discurso *rap* é interrompido pelos ruídos da cidade. Por não amar o seu quarto, o poeta-*rapper* cuida do espaço que lhe é possível proteger e que não pode ser invadido totalmente. Espaço que, muitas vezes, esquecemos e que é a causa primeira de sua condição social. Afinal, o corpo é a nossa primeira casa. Moramos em nós. Por meio de uma estética da reiteração, as rimas do *rap* nos falam da reescritura desse corpo que um dia foi escravizado:

> "eu não desisto (eu) eu não desisto não desisto/eu não desisto/
> perigo/eu não desisto/não eu não desisto/eu não desisto/
> perigo/eu não desisto/não eu não desisto/eu não desisto/
> perigo está além do que eu/preciso/eu sei muito bem disso/
> já tenho o que necessito/um microfone e um vocabulário mixo [...]
> o fato é verídico/não não desisto".
> (Preto Bomba, apelidado Xis. *Perigo*).

Exercício de autocontemplação do próprio excluído. Estética de si.

Notas:

[1] ZUMTHOR. *Introdução à poesia oral*, p. 220.

[2] HUIZINGA. *Homo ludens: o jogo como elemento da cultura.*

[3] HUIZINGA. *Homo ludens: o jogo como elemento da cultura*, p. 134.

[4] HUIZINGA. *Homo ludens: o jogo como elemento da cultura*, p. 133.

[5] RAVETTI. O corpo na letra: o transgênero performático, p. 86.

[6] ZUMTHOR *Introdução à poesia oral*, p. 252.

[7] RAVETTI. Narrativas performáticas, p. 47.

[8] RAVETTI. Narrativas performáticas, p. 56.

[9] RAVETTI. Narrativas performáticas, p. 56.

[10] BHABHA. *O local da cultura*, p. 240.

[11] HALL. *Da diáspora: Identidades e mediações culturais.*

[12] BLOOM. *O cânone ocidental: os livros e a escola do tempo*, p. 32.

[13] FOUCAULT. *Microfísica do poder*, p. 136-137.

[14] BAUMAN. *Comunidade: a busca por segurança no mundo atual*, p. 109.

[15] BAUMAN. *Comunidade: a busca por segurança no mundo atual*, p. 108.

[16] BAUMAN. *Comunidade: a busca por segurança no mundo atual*, p. 109.

[17] FIGUEIREDO e SOARES. *Poéticas afro-brasileiras*, p. 14.

[18] GUATARRI. *Caosmose: Um novo paradigma estético*, p. 2.000.

[19] BAUMAN. p. 43-45.

[20] FOUCAULT. *O cânone ocidental: os livros e a escola do tempo*, p. 135.

[21] FOUCAULT. *O cânone ocidental: os livros e a escola do tempo*, p. 138.

[22] SOUZA. As metamorfoses do malandro, p, 48.

[23] DERRIDA. *Mal de arquivo.*

[24] BARTHES. *O grão da voz*, p. 4.

[25] SILVA. *Negro, qual o seu nome?*, p. 37.

[26] SILVA. *Negro, qual o seu nome?*, p. 29.

[27] JAKOBSON. *Lingüística e poética. Lingüística e Comunicação*, p. 131.

[28] A criminologia, a eugenia, a exclusão dos "degenerados". FOUCAULT. *Microfísica do Poder*, p. 45.

[29] BAUMAN, p. 111.

[30] BAUMAN, p. 110.

[31] KEHL. *Da lama ao caos: a invasão da privacidade na música do grupo Nação Zumbi.*

[32] KEHL. *Da lama ao caos: a invasão da privacidade na música do grupo Nação Zumbi*, p. 145.

[33] KEHL. *Da lama ao caos: a invasão da privacidade na música do grupo Nação Zumbi*, p. 145.

Referências

AMARAL, MARINA *et al.* O Hip-hop é instrumento de transformação: entrevista explosiva com MV Bill. *Caros amigos*, n. 99. jun. 2005. Entrevista.

Amanhã do rapper Afrika DEE, *Planeta Hip-Hop*. São Paulo: Ed. Escala, n. 9, [s.d.]. Entrevista.

AQUI FAVELA: O RAP REPRESENTA. Documentário. Direção: Júnia Torres e Rodrigo Siqueira. Belo Horizonte, 2003. Produtores: Júnia Torres e Rodrigo Siqueira, Roteiro: Júnia Torres e Rodrigo Siqueira, 1 fita de vídeo, VHS, 82 minutos.

ARBEX, Márcia. Onirismo, subversão e ludismo no romance-colagem. In: RAVETTI, Graciela; ARBEX, Márcia (Org.). *Performances, exílio, fronteiras*: errâncias territoriais e textuais. Belo Horizonte: Ed. UFMG, 2002. p. 207-226.

ATHAYDE, PHYDIA DE. Brown, o mano charada. *Carta Capital*. São Paulo: Editora Confiança Ltda. n. 310, 29 set. 2004. p. 10-17, 23 set. 2004.

BARTHES, Roland. *Aula*: aula inaugural da cadeira de semiologia literária do Colégio de França pronunciada dia 7 de janeiro de 1977. 10 ed. São Paulo: Cultrix, 2002.

____. *O grão da voz*. São Paulo: Martins Fontes, 2004.

BAUMAN, Zygmunt. *Amor líquido:* sobre a fragilidade dos laços humanos. Rio de Janeiro: Jorge Zahar, 2004.

____. *Comunidade:* a busca por segurança no mundo atual. Tradução de Plínio Dentzien. Rio de Janeiro: Jorge Zahar, 2003.

____. *Globalização:* as conseqüências humanas. Tradução de Marcus Penchel. Rio de Janeiro: Jorge Zahar, 1999.

____. *Modernidade Líqüida*. Tradução de Plínio Dentzien. Rio de Janeiro: Jorge Zahar, 1999.

BHABHA, Homi K. *O local da cultura*. Tradução de Myriam Ávila, Eliana Lourenço de Lima Reis e Gláucia Renate Gonçalves. Belo Horizonte: Ed. UFMG, 2003.

BLOOM, Harold. *O cânone ocidental:* os livros e a escola do tempo. Rio de Janeiro: Objetiva, 2001.

DERRIDA, Jacques. *Gramatologia*. Tradução de Miriam Schnaiderman e Renato Janini Ribeiro. São Paulo: Perspectiva, 1973.

____. *Mal de Arquivo:* uma impressão freudiana. Rio de Janeiro: Relume Dumará, 2001.

FABIANO, Luiz Hermenegildo. Adorno, arte e educação: negócio da arte como negação. *Educ. Soc.*, Campinas, vol 24, n. 83, p. 495-505, ago. 2003. Disponível em: http://www.cedes.unicamp.br. Acesso em: jan. 2004.

FALA TU. Documentário. Direção: Guilherme Coelho. Rio de Janeiro, Roteiro: Nathaniel Leclery, Produtores: Nathaniel Leclery e Érica Safira, 2004. 1 fita de vídeo, VHS, 74 minutos.

FIGUEIREDO, Maria do Carmo Lanna; SOARES, Maria Nazareth Soares. *Poéticas afro-brasileiras*. Belo Horizonte: Mazza/PUC Minas, 2002.

FOUCAULT, Michel. *Microfísica do Poder*. Organização e Tradução de Roberto Machado. Rio de Janeiro: Edições Graal, 2003.

____. *Vigiar e Punir*: nascimento da prisão. Tradução de Raquel Ramalhete. Petrópolis: Vozes, 1987.

GUATARRI, Félix. *Caosmose:* um Novo Paradigma Estético. São Paulo: Ed. 34, 2001.

HALL, Stuart. *Da diáspora:* Identidades e mediações culturais. Organização de Liv Sovk; Tradução de Adelaine La Guardia Resende *et al.* Belo Horizonte: Ed. UFMG; Brasília: Representação da UNESCO no Brasil, 2003.

HUIZINGA, Johan. *Homo ludens:* o jogo como elemento da cultura. São Paulo: Perspectiva, 1999.

JAKOBSON, Roman. *Lingüística e Poética. Lingüística e Comunicação.* Tradução de Izidoro Blikstein e José Paulo Paes. São Paulo: Cultrix, [s.d.].

KEHL, Maria Rita. Da lama ao caos: a invasão da privacidade na música do grupo Nação Zumbi. *Inventário histórico e político da canção popular moderna brasileira.* Organização de Berenice Cavalcante e Heloísa Maria Murgel Starling. Rio de Janeiro: Nova Fronteira; São Paulo: Fundação Perseu Abramo, 2004. p. 19-156, v. 3.

PLANETA *HIP-HOP*. São Paulo: Ed. Escala, n. 1, 8 e 9. [s.d.].

PEREIRA, Edimilson de Souza. Cantopoemas: uma literatura silenciosa no Brasil. In: FIGUEIREDO, Carmo Lanna; SOARES, Maria Nazareth (Org.). *Poéticas afro-brasileiras*. Belo Horizonte: Mazza, PUC Minas, 2002.

RAVETTI, Graciela. O corpo na letra: o transgênero performático. In: CARREIRA, André Luiz N. *et al.* (Org.). *Mediações performáticas latino-americanas.* Belo Horizonte: FALE/UFMG, 2003.

____. Narrativas Performáticas. In: RAVETTI, Graciela; ARBEX, Márcia (Org.). *Performances, exílio, fronteiras:* errâncias territoriais e textuais. Belo Horizonte: Ed. UFMG, 2002. p. 47-68.

SILVA, Consuelo Dores. *Negro, qual o seu nome?* Belo Horizonte: Ed. Mazza Edições, 1995.

SOUZA, Jessé. As metamorfoses do malandro. *Inventário histórico e político da canção popular moderna brasileira.* Organização de Berenice Cavalcante, Heloísa Maria Murgel Starling e José Eisemberg. Rio de Janeiro: Nova Fronteira; São Paulo: Fundação Perseu Abramo, 2004. p. 39-50. v. 3.

SCRATCH. Documentário. Direção: Doug Pray. EUA, 2001. 1 fita de vídeo, VHS, 105 minutos.

TELLES, Edward Eric. *Racismo à brasileira:* uma nova perspectiva sociológica. Tradução de Nadjeda Rodrigues Marques e Camila Olsen. Rio de Janeiro: Relume Dumará/Fundação Ford, 2003.

TURNER, Victor. *O processo ritual:* estrutura e antiestrutura. Tradução de Nancy Campi de Castro. Petrópolis: Vozes, 1974.

ZUMTHOR, Paul. *A Letra e a Voz.* São Paulo: Cia. das Letras, 2001.

____. *Introdução à Poesia Oral.* São Paulo: Hucitec, 1993.

CD'S E REVISTAS ESPECIALIZADAS

ORISHAS. *El Kilo.* Rio de Janeiro: Universal Records, 2005. 1 CD.

MV BILL. *Traficando informação.* Rio de Janeiro: BMG,1999. 1 CD.

____. *Declaração de Guerra.* Rio de Janeiro: Natasha Records, 2002. 1 CD.

XIS, PRETOBOMBA. *Xis apresenta hip-hop São Paulo.* São Paulo: Xapê Muzik, 2002. 1 CD.

FACÇÃO CENTRAL. *Versos sangrentos.* São Paulo: Kaos, 2002. 1 CD.

RACIONAIS MC'S. *Sobrevivendo no inferno.* São Paulo: Cosa Nostra, 1997. 1 CD.

RAPIN HODD. *Sujeito-Homem.* São Paulo: Trama, 2004. 1 CD

VISÃO DE RUA. *A noiva do Thock.* São Paulo: TNT Record's Dinamite, [s.d.], 1 CD.

10. "NEGRO QUE TE QUERO NEGRO": FORMAS DE REPRESENTAÇÃO DO AFRO-BRASILEIRO

Marcos Antônio Alexandre

Las caras lindas
De mi raza prieta
Tienen de llanto
De pena y dolor
Son las verdades
Que la vida reta
pero que llevan
dentro mucho amor

Susana Baca

Quando colocamos em questionamento a História oficial brasileira, percebemos que nossa cultura e identidade são fragmentadas, como observam Álvaro Machado e Daniel Pageaux:

> "[...] a identidade brasileira é permanente e complexa, devido à própria presença física do Outro (Negro ou Índio), tornado componente cultural activo [*sic*] e elemento fundamento do imaginário "nacional". Na América de língua espanhola, a identidade torna-se problemática a partir do momento em que foi, segundo a expressão feliz de Edmundo O'Gorman (*La invención de América*), "inventada" pela Europa; em que conquistadores a viram e recriaram através das suas leituras"[1].

Desde a origem da cultura brasileira, o olhar e a marca da "mão" do estrangeiro se fizeram presentes na arte produzida no território nacional. Desde sua descoberta/colonização, o Brasil "importou" da Europa conhecimento. Durante séculos, muitos dos nossos escritores e artistas tiveram uma "mirada" voltada para o velho continente, "pasticheando" e, às vezes, reinventando a produção artística ali produzida. Nos dizeres de Silviano Santiago,

> a maior contribuição da América Latina para a cultura ocidental vem da destruição sistemática dos conceitos de *unidade* e de *pureza*: estes dois conceitos perdem o contorno exato do seu significado, perdem seu peso esmagador, seu sinal de superioridade cultural, à medida que o trabalho de contaminação dos latino-americanos se afirma, se mostra mais eficaz. A América Latina institui seu lugar no mapa da civilização ocidental graças ao movimento de desvio da norma, ativo e destruidor, que transfigura os elementos feitos e imutáveis que os europeus exportavam para o Novo Mundo[2].

Reconhecer a presença desse "outro" na nossa cultura é importante, pois nos possibilita trabalhar com a diferença, temática tão recorrente nos discursos multiculturais que nos fazem repensar as noções de categorias e instâncias de legitimação dos saberes. Dessa forma, resgatar a cultura afro-brasileira se converte em uma possibilidade de fazer dialogar as distintas formas de apropriação dos mitos e dos ritos em nossa cultura.

Homi Bhabha assinala:

> "Os termos do embate cultural [...] são produzidos performativamente. A representação da diferença não deve ser lida apressadamente como reflexo de traços culturais ou étnicos *preestabelecidos*, inscritos na lápide da tradição. A articulação social da diferença, da perspectiva da minoria, é uma negociação complexa, em andamento, que procura conferir autoridade aos hibridismos culturais que emergem em momentos de transformação histórica. O "direito" de se expressar a partir da periferia do poder e do privilégio

> autorizados não depende da persistência da tradição; ele é alimentado pelo poder da tradição de se reinscrever através das condições de contingência e contrariedade que presidem sobre as vidas dos que estão 'na minoria'"[3].

Como Bhabha comenta, a articulação social da diferença da minoria constitui uma negociação complexa e isso acontece pelo fato de envolver aspectos que não se manifestam simplesmente na questão das minorias em si – raça, gênero, homossexualidade, trabalho, etc. –, mas numa combinação de formulações que são inscritas numa relação entre a força e a capacidade humana que não são de todo homólogas.

Ao tomarmos como foco de análise o indivíduo de cor, observamos que a cultura tradicional estabelece valores que acabam por delimitar socialmente a participação dos negros como sujeitos. Desde 1931, a partir da Frente Negra Brasileira, a discriminação racial contra o negro é denunciada de forma mais organizada. Segundo Marcelo Henrique Tragtenberg, "os movimentos negros tiveram novo alento a partir do fim da ditadura militar (final da década de 70), a mesma ditadura que retirou o quesito cor-raça do Censo, para esconder a super-exploração a que o negro é submetido, na nossa pátria mãe gentil"[4]. Discute-se muito sobre a inserção do negro em todos os setores sociais. Entretanto, o que se vê é que o preconceito ainda se faz presente nos distintos ambientes pelos quais circulamos. A ideologia que predomina nos setores sociais é a de que não existe racismo no nosso país. Fala-se em democracia racial, distribuição de renda, direito à saúde e educação igualitários, mas a práxis com a qual nos deparamos vem demonstrando outra realidade que coloca em xeque o suposto discurso de igualdade. Com o intuito de ratificar essa formulação, cito os dados apontados por Tragtenberg[5]:

> a) empregados negros ganham menos do que os brancos, até 50% menos (dependendo da região do Brasil);
> b) negros são mais desempregados do que brancos, em várias regiões metropolitanas do país;
> c) negros têm consistentemente 2,2 anos a menos de escolaridade média do que os brancos, desde 1929;
> d) há mais crianças negras do que brancas trabalhando;

e) a indigência é 70% negra embora os negros sejam 45% da população;

f) as mulheres negras têm ainda maior desemprego e menor renda que os homens negros;

g) a mortalidade infantil tem caído mais para brancos que para negros;

h) a [taxa de] analfabetismo é maior entre negros que brancos, quadro que se mantém, apesar da diminuição do analfabetismo em ambos os grupos;

i) a (*sic*) esgoto e a água tratada vão menos a lares negros do que a de brancos[6].

Tais dados corroboram o argumento de que o suposto discurso humanitário e democrático é demagógico, uma vez que o negro – afrodescendente ou afro-brasileiro, termos politicamente "corretos" em nossa contemporaneidade – só é reconhecido socialmente quando consegue romper as barreiras político-culturais, seja por meio da educação ou de algum dom "natural" para a música, o futebol, a dança, etc. Há que se ressalvar que, nos dias atuais, ainda encontramos negros(as) que se vêem obrigados a suprimir a cultura, a linguagem e a memória de seus ancestrais em prol de serem aceitos no trabalho, na comunidade, nos círculos de amizades, etc. Nos campos educacional, profissional e acadêmico, existem aqueles que se sentem pressionados, muitas vezes por si mesmos, a produzir constantemente para conseguir ascensão e respeito. Não obstante, há aqueles que primam pela função de resgatar as origens e fazer delas fontes primordiais para a condução de suas vidas. São esses sujeitos e suas distintas manifestações artísticas que serão resgatados e discutidos neste artigo.

Acredito que os questionamentos ora levantados são fundamentais para a discussão da inserção do negro e de sua cultura em nossa sociedade. No entanto, interessa-me discutir como significantes tais como "negrura", "negritude" e "negróide" logram dimensão de significado a partir de sua corporalidade e de sua *performance* na arte e na cultura brasileira. Com isso, quero dizer que ao corpo negro se soma a linguagem, a forma, a memória, a liturgia e a tradição. É o mesmo corpo que encarna mediações simbólicas ao ser representado, presentado e performatizado em propostas espetaculares, em rituais performáticos e na arte como um todo. Neste sentido, é importante recordar que a linguagem, nas suas acepções distintas e enquanto construto gerador de saberes, sempre se fez presente na construção da memória do negro brasileiro, fazendo com que este, por meio do discurso oral, corporal e litúrgico, fosse capaz de fabular e resgatar os mitos de seus ancestrais africanos, colocando-os em diálogo com os diversos contextos de inserção social: desde as senzalas, por meio das festas profano-religiosas, dos quilombos, por meio dos movimentos de resistência e de luta pela vida, até o nosso momento enunciador com o desejo latente de sobreviver e ser reconhecido como sujeito.

Segundo Leda Maria Martins,

> a cultura negra é o lugar das encruzilhadas. O tecido cultural brasileiro, por exemplo, deriva-se dos cruzamentos de diferentes culturas e sistemas simbólicos, africanos, europeus, indígenas e, mais recentemente, orientais. Desses processos de cruzamentos transnacionais, multiétnicos e multilingüísticos, variadas formações vernaculares emergem, algumas vestindo novas faces, outras mimetizando, com sutis diferenças, antigos estilos[7].

A autora apropria-se do vocábulo "encruzilhada" e faz dele uma ferramenta teórica que a permite, segundo suas palavras, "clivar as formas híbridas que daí emergem"[8]. O conceito proposto parece-me relevante para analisar os atos performáticos e artísticos produzidos ou recriados pelo negro e a partir de sua cultura. A encruzilhada por si é um local de encontro e desencontro, contato e contaminação e, por sua vez, um espaço de mediação e mudança. Seu desenho geográfico nos possibilita estabelecer algumas leituras, entre as quais a que me interessa particularmente diz respeito à mediação: a partir do momento em que cruzo o caminho do outro, estabeleço uma troca, uma "contaminação" que pode ser de saberes, de cultura, de presença. Neste espaço da encruzilhada, "lugar sagrado das intermediações entre sistemas e instâncias de conhecimentos diversos"[9], é onde encaixo a epistemologia dos ritos performatizados pelo negro e a partir de sua cultura.

Leda Maria Martins assinala que "os rituais das religiões afro-brasileiras exprimem e traduzem, tal qual a tradição africana de que provêm, a concepção de que o ser humano é um objeto fenomenal em uma totalidade cósmica, na qual coexistem, sincronicamente, a instância material e a instância divina"[10]. Logo, acrescenta a seu discurso crítico que, "através dos rituais de iniciação, invocação, possessão e outros, o ser humano conserva dinâmica a ligação entre o humano e o sagrado, mantendo em circulação contínua as energias motrizes e vitais, das quais depende o equilíbrio cósmico"[11]. Considero esses aspectos levantados por Martins fundamentais para a discussão das representações performáticas afro-brasileiras.

A religiosidade afro-brasileira

Se, mais uma vez, voltamos o nosso olhar para a história do Brasil, deparamo-nos com uma nação onde a religião se faz presente e marca a vida das pessoas independentemente da classe ou nível socioeconômico-cultural. Por termos sidos "descobertos" pelos portugueses, herdamos a religião católica, que nos foi imposta pela monarquia e bem divulgada pelos missionários jesuítas que vieram catequizar os indígenas, num primeiro momento, e depois, os africanos, outra das comunidades culturais que compuseram as identidades brasileiras. Nossos ancestrais africanos nos deram como herança os mitos dos orixás. Ainda que o culto aos orixás tenha sido proibido pelos senhores dos engenhos, na época da escravidão, nossos irmãos de cor conseguiram manter parte de suas memória e cultura, aceitando a religião cristã que lhes eram imposta, mas fazendo com que essa dialogasse com suas crenças, mitos e deuses. Dessa forma, o culto ao candomblé (e, mais recentemente, à umbanda), as festas de reis, os congados, as caboclinhas, entre outros rituais performáticos, foram propagados.

O Brasil é considerado a nação do sincretismo religioso. Podemos observar que esse elemento aparece em várias obras de nossa literatura a partir de personagens canônicas como: Macunaíma, de Mário de Andrade, nosso herói sem caráter; Vadinho, de Jorge Amado; ou Chicó, de Ariano Suassuna, entre outros autores. Esse sincretismo também aparece na arte como um todo. É o que podemos observar na letra da música *Guerreira*, composta por João Nogueira e Paulo César Pinheiro, especialmente para ser cantada por Clara Nunes:

Se vocês querem saber quem eu sou
Eu sou a tal mineira
Filha de Angola, de Ketu e Nagô
Não sou de brincadeira
Canto pelos sete cantos,
Não temo quebrantos
Porque eu sou guerreira

Dentro do samba eu nasci
Me criei, me converti
E ninguém vai tombar a minha bandeira

Bole com samba que eu caio
E balanço o balaio
No som dos tantãs
Rebolo que deito e que rolo
Me embalo e me embolo
Nos balangandãs
Bambeia de lá que eu bambeio
Nesse bamboleio
Que eu sou bam-bam-bam
Que o samba não tem cambalacho
E vai de cima em baixo
Pra quem é seu fã
Eu sambo pela noite inteira
Até amanhã de manhã
Sou a mineira guerreira
Filha de Ogum com Iansã
Trecho falado:
Salve Nosso Senhor Jesus Cristo – Epa Babá, Oxalá
Salve São Jorge Guerreiro – Ogunhê, Ogum, meu pai
Salve Santa Bárbara – Eparrei, minha mãe Yansã
Salve São Pedro – Kaô – Kabelice, Xangô
Salve São Sebastião – Okê-Arô Oxóssi
Salve Nossa Senhora da Conceição – Odô-Fiaba, Yemanjá
Salve Nossa Senhora da Glória – Ora-le-le-Ô, Oxum
Salve Nossa Senhora de Santana – Nanã-Buruquê, Saluba, Vovó
Salve São Lázaro – Atotô, Abaluai-ê
Salve São Bartolomeu – Arrobobô, Oxum-Maré

Salve o Povo da Rua
Salve as Crianças
Salve os Pretos Velhos – Pai Antônio, Pai Joaquim D'Angola,
Vovó Maria Conga, Saravá
E salve o Rei Nagô[12].

A presença do sincretismo religioso aparece em cada verso da música, assim como a preocupação em se trabalhar a origem, a inserção intercultural; o lugar de enunciação é mesclado – "Eu sou a tal mineira / Filha de Angola, de Kêto e Nagô" – e se apresenta um discurso daquele indivíduo de fala "de dentro", ou seja, a partir de sua cultura – "Dentro do samba eu nasci / Me criei, me converti / E ninguém vai tombar a minha". A bandeira que simboliza não só o lugar, mas, principalmente, a ligação entre o divino (o sagrado) e o concreto (a terra, a casa).

A letra de João Nogueira e Paulo César Pinheiro trabalha a relação que é estabelecida entre os santos do Catolicismo e os orixás. Neste sentido, os santos católicos são identificados com um orixá de acordo com a região ou o país onde o candomblé é praticado e cultuado. Por exemplo, Iansã é sincretizada, no Brasil, como Santa Bárbara e, em Cuba, como Nossa Senhora da Candelária; Oxalá – o orixá mais cultuado na Bahia e considerado o maior dos orixás – é sincretizado como o Senhor do Bonfim, já, em Cuba, é relacionado com Nossa Senhora das Mercês; Ogun foi sincretizado como Santo Antônio de Pádua na Bahia, mas no Rio de Janeiro está associado a São Jorge, em Cuba, a São João Batista e São Pedro e, no Haiti, a uma "família de Ogous", representando Santos católicos distintos: São Tiago Maior, São Felipe, São Tiago Menor, São José, entre outros. É certo que os santos católicos ajudaram os escravos a esconder de seus senhores a natureza das danças e rituais autorizados nos domingos quando se agrupavam em batuques por nações de origem. Segundo relata Pierre Verger (1997), em 1758, o Conde dos Arcos, sétimo vice-rei do Brasil, mostrava-se partidário de que os negros fizessem festas, mas não por espírito filantrópico, e sim por julgar útil que guardassem uma recordação de suas origens e não se esquecessem dos sentimentos de aversão recíproca que os levaram a lutar nas terras de África, pois, divididos, não se arriscariam a se rebelarem contra seus senhores, como o haviam feito cinqüenta anos mais tarde. Esses senhores, vendo seus escravos dançando e cantando de acordo com seus hábitos e falando em suas línguas de origem, julgaram que não existia naquelas manifestações nada além de diversão de negros nostálgicos. Entretanto, o que eles não tinham consciência era de que os negros, em cada reunião, cultuavam orações e hinos a seus próprios orixás e quando necessitavam justificar o sentido de suas cantigas, declaravam que glorificavam, em suas línguas, os santos do paraíso; mas, de fato, o que pediam era ajuda a seus próprios deuses para escaparem das mãos de seus senhores. Dessa maneira, a cultura dos orixás chegou até os nossos dias, cruzando o tempo e gerações de famílias de origem africana. No entanto, apesar dos estudos já realizados sobre a cultura afrodescendente e, principalmente, do fato de que nós brasileiros vivemos e fazemos parte de um país onde o sincretismo religioso está o tempo todo presente e de forma bem diversificada em nosso cotidiano, sabemos muito pouco sobre os nossos ancestrais e muito menos ainda sobre as origens dos mitos que nos foram trazidos das nações africanas.

Padre Pinto, um caso à parte?

Sexta-feira, dia 6 de janeiro de 2006, Dia de Reis. Liguei a televisão por volta da meia-noite, no horário em que a *Rede Globo de Televisão* transmitia a última edição do seu jornal. Para minha surpresa, entre as notícias exibidas, os repórteres Willian Wack e Christiane Pelajo anunciavam:

> O padre Pinto ficou famoso em Salvador, dançando ritmos populares na celebração da missa do dia de Reis, mas o que traz aplauso de alguns fiéis, causa espanto e perturba outros. No bairro da Lapinha, a festa de Reis ocupa as ruas, mas dentro da igreja cada missa é um show. O padre José Pinto é bailarino de formação clássica. Estudou balé no Teatro Municipal do Rio de Janeiro. Neste ano, adotou roupas coloridas para homenagear as diferentes raças, lembrando os três reis magos.
>
> "P.P.: Tem 20 anos que eu tinha parado de dançar e agora o cardiologista me liberou e eu voltei assim com todo o gás."

A irreverência do padre já é conhecida dos baianos. O religioso chama a atenção nas celebrações e até em rodas de capoeira. Durante a missa de Reis, a homenagem foi a Oxum, orixá das águas doces.

"P.P.: A igreja liberou, Dom Geraldo tá sabendo, a CNBB também tá sabendo (justifica o padre). O povo é que assusta."

"A gente acha um pouco estranho, porque não é de costume né, mas foi muito bonito né". (Palavras de uma fiel).

A primeira missa desta sexta-feira começou com uma evolução que lembrava os rituais indígenas[13].

Padre Pinto

Para a surpresa de muitos, tal notícia gerou grande repercussão nos dias seguintes. Manifestações a favor e contra as "celebrações performáticas" do pároco tomaram conta da mídia televisiva, escrita e eletrônica[14]. O Padre Pinto saiu de circulação. A paróquia disse que ele estava cumprindo orientação médica, uma vez que era hipertenso e diabético, teria ficado muito cansado durante as festividades e estaria repousando na casa de parentes. A Arquidiocese de Salvador condenou as apresentações do padre, declarando que elas estavam fora da "normalidade". Em uma nota, Dom Geraldo Majella – cardeal primaz do Brasil e presidente da CNBB – destacou que o comportamento merecia cuidados terapêuticos, cujas providências estavam sendo tomadas pela congregação e pela arquidiocese.

A partir do exposto, ficam os questionamentos: O que devemos entender por "normalidade"? Até que ponto o sincretismo, realmente, existe e é aceito na cultura brasileira? Quando ele é conveniente a alguma corrente política e/ou não fere a nenhum princípio pré-estabelecido socialmente ou a um setor da igreja católica? Na minha perspectiva crítica, muito se fala sobre a diversidade e a importância da inclusão social e religiosa, porém fatos como os que foram aqui relatados chocam não pela "diferença", mas sim pela intolerância e pelo preconceito.

Considero que reconhecer as formas de manifestações culturais, ritualísticas e religiosas do afro-brasileiro – e é assim que eu prefiro entender/ler a manifestação ritualístico-performática do Padre Pinto – é a primeira atitude séria que nós, como afrodescendentes, devemos tomar. Por isso é que em Minas Gerais, assim como no Rio de Janeiro, na Bahia ou em outros Estados brasileiros, existem muitas casas e comunidades onde se praticam o candomblé, a umbanda, o Congado, os festejos ritualísticos e é fator *sine qua non* que nestes Estados sempre haverá resquícios de pessoas e de comunidades que trabalham e trabalharão com o objetivo de manter e resgatar a cultura religiosa e ritualística que, hoje, denominamos de afro-brasileira.

Os Alcântaras: música, memória e cidadania

TUMTUM JACUTINGA-LÁ
PISCATUNGA-ARARUÊ
PISCATUNGA TINGA
ARARUÊ SARUMBÊ RUMBA
PISCATUNGA ARARUÊ
PISCATUNGA TINGA
UÊ UÊ SARUMBERUMBÁ
PISCATINGA ARARUÊ
PISCATINGA TINGA[15].

CHIM CHIMLIM
OH MANADÔÔÔ

Ê PÊ PÊ PÊ PÊ NOÊ
EKIDÁ APODILLÁ

GRAMANÚ APÔ
APÁ APÔDIPÓ

KATUMBÊ LADIKÁ
ARU AUÊ
ARATICHINA ARATICHINA

KATUMBÊ BUTUALA
ARARUÊ VEMÁ
JUDÁ KATUAÉ QUELE CASA[16].

Com essas canções, atendendo a um pedido meu, três crianças da Família Alcântara – Alécia, Michael e Ramon, um garoto de 5 e o membro mais novo do coral – finalizaram uma entrevista[17] a mim concedida em janeiro de 2006.

Em João Monlevade, cidade do interior de Minas, vive essa família de negros que encontrou na música a possibilidade de ser reconhecida internacionalmente. Os Alcântara, segundo a sua história, chegaram escravizados ao Brasil em 1760, e descendem da tribo angolana wasili, que vivia em terras próximas de Luanda, atual capital de Angola. Essa família é formada por pessoas da classe pobre da sociedade local, são donas de casa, empregadas domésticas, operários da Belgo Mineira e trabalhadores rurais. Entretanto, o que deve ser enfatizado é que eles, por meio do encontro com a música ritual e graças à voz que possuem, vêm conseguindo levar a sua cultura para os extramuros da cidade. Eles se juntam para ensaiar os hinos e canções que aprenderam com seus pais e avós e que, hoje, passam sua sabedoria para as crianças. Assim, a família que, em princípio, juntou-se para manter a memória de seus antepassados já gravou três CD's[18], participou do documentário de Daniel Santiago, intitulado *Família Alcântara* e leva a cultura afro-brasileira para o mundo, pois já viajou pelos grandes centros brasileiros e também fez apresentações no exterior. Com o documentário sobre os Alcântaras, o diretor Daniel Santiago mostra que mais do que retratar a história de uma família de negros brasileiros, ele resgata tradições e histórias do povo negro como um todo, principalmente pelo fato de que os Alcântara, hoje, apesar de serem reconhecidos em vários países, ainda são desconhecidos por grande parte dos monlevadenses, cidade que escolheram para viver, criar os seus filhos e manter a história da família.

O grande esteio da família sempre foi Vó Nena[19], que, juntamente com Vô Pedro Alcântara (falecido em 1981), fez reviver na família o gosto pela cultura afro-brasileira, por sua constante participação nos festejos da Congada, como rainha Conga, das histórias, casos e contos repassados para seus filhos e netos. A música, como forma de manter a cultura da família, foi retomada e trabalhada a partir do desejo de um de seus filhos, Pedro Antônio Alcântara, o regente do coral:

> Na década de 60 (63 a 64) comecei a cantar na escola, depois na igreja, depois eu senti vontade de fazer um grupo, porque eu senti a necessidade das vozes e eu não as tinha. Eu conversei com papai e mamãe e nós cantávamos na igreja.
>
> Mesmo dentro da igreja foi difícil por causa do preconceito, sempre que aparece uma coisa nova, as pessoas têm medo de perder o lugar. O objetivo meu não era esse, eu era apenas um.
>
> No dia 13 de setembro de 1970, nós deixamos Caxambu e viemos para João Monlevade, mas eu sempre voltava para as festas e cantava com a minha prima, às vezes, com o meu pai e minha mãe.
>
> Aqui no trabalho [em João Monlevade], na rua do aeroporto, eu escutava as freiras cantando na Igreja Nossa Senhora de Fátima, eu fui ouvindo, ouvindo e um dia eu resolvi andar por detrás da casa, já que eu era guarda-noturno, ninguém ia se importar comigo, pois estava uniformizado. Aí a maestrina ficou sendo a minha madrinha. O pessoal era holandês, espécie de missionários. Elas eram fortes e eu aprendi muito com elas. Comecei a aprender técnica para canto. Depois passei para o Coral Monlevade e fui crescendo, sempre com o apoio delas. Passei por Belo Horizonte, estudei com Marcos Tadeu, também, no Palácio das Artes; depois fui para o Canadá e estudei bastante lá também, mas sempre em função da família. Tudo que eu aprendia lá era aplicado com a família, as músicas e as técnicas[20].

Dessa forma, o canto negro sempre se fez presente no repertório da família. O Congado, cantigas, músicas de roda, cantos espirituais negros, todas essas formas artísticas foram adaptadas para o coral. Pedro Alcântara reconhece que aprendeu tudo com o pai e a mãe, que vêm de uma família de congadeiros, e por isso tudo fica registrado na memória. Sem dúvida, a memória e o ritmo corporal se concretizam no canto da família, como afirma Pedro:

> Nós, negros, quase sempre temos as mesmas tendências. O canto espiritual negro eu aprendi com as holandesas. Eu era muito ousado, fazia solos espirituais. A própria condição negra tem isso, parece que aquilo é da gente.
> A alma da gente é algo vivo e, à medida que a gente presencia uma coisa muito bonita como a música, ela manifesta logo e os cantos espirituais negros são muito tocantes. Aí atinge a alma facilmente, não gasta muita coisa, tem a música e a coisa da gente, associando a música e a pessoa da gente à interpretação. A alma capta as coisas longe: começa a cantar uma música negra, um canto espiritual negro, automaticamente, a gente vem com aquelas vozes diferentes e bonitas, como se fôssemos todos americanos, com a mesma tendência, a mesma fluência, que é a coisa própria do negro[21].

A família mantém a sua cultura e tradição participando todo ano, no mês de junho, da festa de Nossa Senhora do Rosário em Caxambu[22], onde vivem vários membros da família. Eles mantêm uma guarda no festejo: Guarda da Família Alcântara do Quilombo do Caxambu de Nossa Senhora do Rosário (sem registro). A mãe foi rainha Conga e, atualmente, Cassimira Tomé e Joaquim Papa são, respectivamente, rainha e rei Conga Perpétuos. São esses laços que fazem com que os Alcântara não deixem de cultuar e primar pelo resgate de suas tradições, como observa Cassimira Tomé:

> A questão do resgate é importante. Se nós tivéssemos recebido mais histórias de nossos ancestrais, nós teríamos mais coisas a passar. As informações eram passadas através dos cantos, era tudo através do canto e de histórias.

> Fazíamos muito isso, ficar do lado do fogão a lenha contando histórias. A nossa conversa era o fogo[23].

Interessante observar que o fogo – fruto do conhecimento, produto roubado dos deuses e doado aos homens por Prometeu, como podemos encontrar em um dos mitos gregos – converte-se em fomentador de memória coletiva. O fogão a lenha, típico dos lares do interior de Minas Gerais, é aqui o responsável não só pela feitura dos quitutes e comidas caseiras à mineira, mas também pelo espaço de aproximação, aconchego e transmissão de cultura: todos se reúnem em torno do fogão para aquecer, provar a comida antes de ir para a mesa, "jogar conversa fora" – como costumamos dizer, nós mineiros, criados no interior, para nos referirmos ao ato de encontro para colocar a conversa em dia – e nesse caso, especificamente, rememorar as histórias da família e da sua cultura.

Zeca Ligiéro[24] propõe o estudo do samba a partir de quatro categorias. Uma delas ele nomeia de "Samba-ritual" e o considera como sendo aquele que se apresenta mais próximo de sua forma ancestral, gerado dentro de um contexto religioso e que cumpre funções litúrgicas, sendo evidente o seu caráter invocatório. O autor também afirma que as formas mais antigas do samba estão presentes nos rituais, sejam eles da macumba, da umbanda ou dos antigos candomblés de caboclos. Com base na conceituação de Ligiéro, não tenho dúvidas de que os integrantes da Família Alcântara, apesar de não cantarem especificamente músicas dos rituais profanos afrodescendentes, executam sambas-rituais a partir de suas manifestações performáticas, pois eles conjugam, no mesmo plano, o corpo e a voz, fazendo dialogar gestos, música, oralitura e religião.

Portanto, devo evidenciar que os Alcântara, que, em princípio, têm sua memória cultural restringida a seus lugares de enunciação, transcendem-na e levam-na a outros espaços, demonstrando que a música consegue cruzar fronteiras e agregar pessoas. Resumindo em poucas palavras: a família, com a sua arte performatizada na (e pela) voz, logrou sair de uma pequena cidade do interior de Minas para ser reconhecida não só no Estado de Minas Gerais, mas também em outros Estados brasileiros e em outros países do mundo.

Poiesis afro-brasileira

Retomando o âmbito da literatura, em primeiro lugar julgo importante ressalvar, corroborando os dizeres de Eduardo de Assis Duarte, que "a conformação teórica da literatura 'afro-brasileira' ou 'afrodescendente' passa necessariamente pelo abalo da noção de identidade nacional una e coesa". Ainda me apropriando das palavras do autor, "argumenta-se enfaticamente que critérios étnicos ou identitários não devem se sobrepor ao critério da nacionalidade: nossa literatura é uma só" e, afinal, "somos todos brasileiros"... E mais: seríamos todos "um pouco" afrodescendentes..."[25]

Com base nessa argumentação, faz-se necessário assinalar o que, a partir de minha perspectiva crítica, o que estou denominando literatura afro-brasileira. Trata-se do texto escrito, em princípio, pelo negro e sobre o negro com o objetivo de não só relatar e trazer à tona a vida e a situação do sujeito brasileiro de cor, mas também fazer deste indivíduo um objeto de reflexão. Nesse sentido que algumas questões, como ética, identidade, ideologia, memória e preconceito, são recorrentes nos textos afro-brasileiros contemporâneos. São autores que primam pela função de resgatar as origens e fazer delas fontes primordiais para condução de suas vidas e de suas escrituras-grafia. É o caso de vários escritores e pesquisadores mineiros, dentre os quais escolhi para análise e reflexão os autores-poetas Adão Ventura, Conceição Evaristo e Jussara Santos, sujeitos cujos textos recuperam as distintas facetas da negritude/negrura.

A poesia de Adão Ventura[26]

PARA UM NEGRO

um negro
a cor da pele
é sombra
muitas vezes mais forte
que um soco.

para um negro
a cor da pele
é uma faca

que atinge
muito mais em cheio
o coração[27].

Segundo Ferreira Gullar[28], "a poesia de Adão Ventura não é uma poesia poética, de quem deseja mostrar o lado encantador do real, é poesia-denúncia, de quem não tolera a mentira e a farsa. E essa revolta é tão verdadeira que chega a alterar a matéria de sua linguagem". É exatamente uma alteração da "matéria da linguagem" que encontramos no poema *Para um negro*, poesia-denúncia que integra o livro clássico *A cor da pele* (1990), uma obra que nos fornece uma escritura que nos leva a discutir e a refletir sobre a história do negro dentro da história brasileira.

No poema, o leitor identifica que título e versos se completam e tomam forma na poética de Adão Ventura. Os vocábulos são retirados de seu sentido primeiro. A simplicidade das palavras é alegorizada nos versos que se encadeiam e se fazem sentido. Seria uma mensagem simples e direta? A "sombra" que, em princípio, apresenta como possibilidade de significado: "Espaço privado de luz ou tornado menos claro, pela interposição de um corpo opaco"[29]. Neste sentido, semanticamente positivo (por exemplo, nada como uma sombra de uma árvore para se deitar e relaxar depois de uma longa caminhada em um dia ensolarado), assume outras conotações: "escuridão, nódoa, defeito"[30], todas negativas. Significantes e significados assumem outras dimensões ao serem associados ao vocábulo "soco", que machuca, causa dor, pode fazer sangrar a pele (indiferente da cor). Os versos se agudizam e a imagem do soco se materializa na segunda estrofe em faca, que também corta, fere, lanha o corpo e, aqui, "atinge muito mais cheio do coração", ou seja, a cor da pele pode causar dor, ferir, machucar. Assertiva fácil de ser comprovada se recorremos à história do negro no Brasil, desde os negreiros, até a nossa contemporaneidade nos morros, no submundo do crime, nos subúrbios dos grandes centros urbanos e nas inúmeras filas de todos os dias (emprego, saúde pública, aposentadoria etc.).

Nos versos de Ventura, a cor negra do negro é estigma de dor, marca remanescente de trauma histórico que se converte em voz de denúncia. O significante "negro" não se esgotará em sua forma. Na sua poesia, assumirá outra voz discursiva que será intertextualizada em outro poema, em outra forma:

PÁSSARO NEGRO
eu,
pássaro-preto
cicatrizo
queimaduras de ferro em brasa,
fecho corpo de escravo
e
monto guarda
na porta dos quilombos[31].

Agora, a cor negra crivada e inscrita na pele se metaforiza em pássaro negro, que pode assumir a simbologia do anunciador da morte ou herói. Pensemos, a título de exemplo, no corvo, que assumiu metaforicamente a marginalidade trágica de devorador de corpos e é visto em outras crenças como herói solar, demiurgo, mensageiro e guia divino. Na poesia de Ventura, o eu-lírico se autonomeia pássaro-preto com toda a sua simbologia. É herói guardião – "monto guarda na porta dos quilombos", é guia divino que, como um orixá e com a sua a força, "fecho[a] corpo de escravo fugido" e ainda "cicatrizo[a] queimaduras de ferro em brasa". A lanhura demarcada no corpo denuncia o tratamento recebido pelo negro e o pássaro-preto (negro/negrura/negróide) reafirma a resistência. A ave (pássaro-negro metaforizado) mantém suas asas abertas e em estado de alerta, basta que observemos, como leitores atentos, a forma do poema.

AINDA

Numa senzala
fa
vela
acesa
– marca de ferro
& fogo
chicote de polícia

– lanhos
nos ombros
– garrote em corte
de morte alheia[32].

Em *Ainda*, assim como os versos, a forma do poema de Ventura tem muito a dizer. Os versos e as palavras são entrecortados. A senzala – moradia do negro, lugar de "descanso" utilizado para os escravos comerem e dormirem depois do dia de labuta (sem deixar de lado, o seu uso como castigo/prisão) –, é retomada nos versos do poeta como "fa / vela acesa" . O substantivo é deslocado no verso separado entre linhas, criando uma ruptura e, ao mesmo tempo, utilizado para demarcar, inscrever, legitimar o local como espaço fragmentado dividido e, ainda "aceso", ou seja, sempre alerta e em movimento.

A concretização ao nosso momento enunciador pode ser facilmente aferida nos versos seguintes: "marca de ferro / & fogo" → arma, bala, escopeta (na mão de crianças – mulas e volantes do tráfico) e o embate com o policial – "chicote de polícia", que também provoca "lanhos / nos ombros / garrote em corte / de morte alheia". Versos que, apesar de entrecortados e deslocados graficamente, são encadeados semanticamente, inserindo o leitor em um cenário de embate, como se esse presenciasse um dos tratamentos recebidos pelos moradores da senzala → fa / vela, a grande maioria deles, negros – histórico brasileiro lido, musicado, fotografado e já filmado já por muitos e que, a cada dia, faz-se mais presente, como bem ilustra Caetano Veloso:

Quando você for convidado pra subir no adro
da fundação Casa de Jorge Amado
pra ver do alto a fila de soldados, quase todos pretos
dando porrada na nuca de malandros pretos
de ladrões mulatos e outros quase brancos
tratados como pretos
só pra mostrar aos outros quase pretos
(e são quase todos pretos)
como é que pretos, pobres e mulatos
e quase brancos quase pretos de tão pobres são tratados[33].

O sujeito feminino em Conceição Evaristo e Jussara Santos

Em se tratando da mulher, como personagem negra na literatura brasileira, Leda Maria Martins observa:

> Em sua dupla condição de mulher e negra, a personagem negra feminina tem sido objeto de vícios de representações que espelham não apenas o registro do olhar masculino, mas também convenções e figurações inseminadas pelo registro do racismo. Nas cenas literárias, no Brasil, predominam, com raras exceções, três modelos de ficcionalização do corpo feminino da negrura, inscritos em versos e prosa: a *mãe preta*, perfil da generosa mãe-de-leite, sempre sorridente e amável, sempre alimentando e ninando a criança branca; a *empregada doméstica*, uma espécie de força bruta assexuada, de rosto indiferenciado, na função reificada de objeto do lar; e a insinuante *mulata*, corpo erotizado em excesso, objeto de desejos "ocultos" do homem branco[34].

Resolvi retomar as palavras de Martins, pois entre os três modelos de ficcionalização do corpo feminino nomeados pela autora, interessa-me resgatar dois deles: "a mãe preta" e a "empregada doméstica" para analisar os textos de Conceição Evaristo e Jussara Santos.

EU MULHER

Uma gota de leite
me escorre entre os seios.
Uma mancha de sangue
me enfeita entre as pernas
Meia palavra mordida
me foge da boca.
Vagos desejos insinuam esperanças.
Eu-mulher em rios vermelhos
inauguro a vida.
Em baixa voz
violento os tímpanos do mundo.
Antevejo.
Antecipo.
Antes-vivo

Antes agora o que há de vir.
Eu fêmea-matriz.
Eu força-motriz.
Eu-mulher
abrigo da semente
moto-contínuo
do mundo[35].

Neste poema de Conceição Evaristo, a mulher aparece como mãe, mas é importante ressalvar que, apesar de a autora ser negra, não se trata, em princípio, apenas da retratação da "mãe preta", pois, em seus versos, a mãe não tem cor; o gênero feminino é o que é destacado. Na minha leitura, indiferente à categoria de raça e cor, o que deve ser evidenciado nos versos de Evaristo é a natureza feminina. Natureza essa que é retomada pelo eu-lírico de forma alegórica por meio das metáforas da maternidade: a "gota de leite" e os "rios vermelhos"[36]. Em cada verso, o leitor vai imageticamente lendo/vendo o nascimento. O leite, alimento que sustenta os filhos recém-nascidos, anuncia-se como uma gota – sinal de que o momento do parto está próximo. Essa leitura se concretiza nos cinco próximos versos. A "mancha de sangue entre as pernas", que poderia ser associado à menstruação, aqui, reforça a idéia de que o nascimento de uma criança está por acontecer. A "palavra", que é "meia", "entrecortada", foge da boca e também enuncia a vida e, com ela, esperanças pelos vagos desejos. Os rios vermelhos trazem à vida, o parto interrompe o elo mãe e filho em um só corpo e, com essa primeira separação de muitas que estarão por vir, "inaugura" uma nova vida.

Em cada verso que se segue, o leitor é levado pelo eu-lírico a vivenciar os passos dessa mulher/mãe que, mesmo com a dádiva da maternidade, sente e reconhece o mundo a sua volta: "Em baixa voz / violento os tímpanos do mundo". Esse sujeito feminino sabe em que mundo a sua criança foi recebida. Em tom premonitório – "Antevejo. / Antecipo. / Antes vivo." –, os versos direcionam o leitor, que é levado a sentir as angústias, desejos e esperanças dessa mãe: "Antes agora o que há de vir". A presentificação do passado em o" há de vir" nos coloca ante o enigma da existência. A vida dessa mãe, a vida desse filho, que acaba de ser versificado/inscrito, ao destino pertence. No entanto, acima de todos os percalços, fica a imagem da mulher como "abrigo da semente" e "moto-contínuo do mundo", ou seja, fonte de vida e de continuidade.

Neste sentido, a representação da mulher em Evaristo não pode ser lida como apenas uma erotização do corpo feminino, o terceiro modelo de ficcionalização proposto por Martins. Na sua poesia, o que se vê é o sujeito feminino que transgride a noção de mulher-objeto. A "escrevivência" da autora é versificada e sua voz enunciadora, sem dúvida, violenta os tímpanos do mundo; é a mesma observação que podemos tecer para a escritura de Jussara Santos:

> Duas mulheres na fila do banco
> Uma lê, escreve e veste-se bem,
> A outra não lê, não escreve, veste.
> A primeira, aquela que lê, escreve e veste-se bem, fala pela segunda que não lê, não escreve, apenas veste.
> A segunda, aquela que não lê, não escreve, veste o que primeira diz; concorda, faz gestos ritmados com a cabeça.
> A primeira, a que lê e escreve, marca, aceleradamente, sua passagem à caneta, enquanto a segunda, sem pressa, vai deixando polegadas como impressão[37].

Com seu poema-prosa – nomeação que acredito ser a que melhor define a poética da autora, que nos instiga com seus versos reflexivos –, Santos traz à cena duas figuras femininas que fazem parte de nosso contexto contemporâneo. Seus versos de forma alguma podem ser lidos como se fossem política e socialmente neutros. O que se vê aqui, em diferentes perspectivas, é uma crítica contundente ao eterno conflito de classes e suas bifurcações sociais: rico x pobre, branco x negro, zona sul x periferia, letrado x iletrado, empregador x empregado, entre outras infindáveis categorizações. Os mesmos vocábulos são reatribuídos e ressignificados: "lê, escreve, veste, fala" → não lê, não escreve, não veste (tão bem quanto a outra), não fala; demonstrando e demarcando bem a situação em que cada sujeito se vê inscrito.

Os versos propositalmente entrecortados, assim como em Ventura, complementam-se, dando forma à cena que vai sendo construída para o leitor (espectador, do texto visual). Em princípio, em uma leitura apressada, caberia a interpretação de que se trata de duas mulheres desconhecidas numa fila de banco. No entanto, prefiro rejeitar essa assertiva e ler os versos de Santos – apoiado pelos dêiticos fornecidos pela autora: "A segunda, aquela que não lê, não escreve, veste o que / primeira diz; concorda, faz gestos ritmados com a cabeça." – como uma performatização de um cotidiano de duas mulheres de classes e funções sociais distintas (patroa e empregada), na qual uma atua/encena e a outra compõe a cena. A "diferença" se evidencia positiva e negativamente pelo acesso ou não dos significantes "ler, escrever, vestir e falar", ou seja, quem domina essas "categorias discursivas" detém o controle – marca, aceleradamente, sua passagem à caneta" – e o outro se vê à margem – "sem pressa, vai deixando polegadas como impressão" –, converte-se em rasura, polegada, impressão.

A força da poética de Jussara Santos se constrói a partir das antíteses: "A segunda, aquela que não lê, não escreve, veste o que / primeira diz; concorda, faz gestos ritmados com a cabeça". O silêncio é a única resposta da mulher que se vê e se sente à margem. Merece ser destacado que ainda que não vejamos o silêncio, como leitores, podemos perceber os seus traços e as suas fissuras, que vão sendo delineados nos versos de Santos, que constituem uma linguagem de denúncia e legitimam o modelo da "empregada doméstica" proposto por Martins. No entanto, não posso deixar de observar que o discurso aqui não é produzido por um homem, mas sim por um sujeito que enuncia a partir de sua própria condição de mulher (e negra) e, por isso mesmo, ele se legitima.

Em suma, acredito que todos os textos anteriormente retratados são representantes da literatura[38] (poética) afro-brasileira, por cumprirem com a função de resgatar a identidade do negro (homem ou mulher), tirando-o das margens e inserindo-o nos centros hegemônicos de discussão, não só os acadêmicos, mas também, eu espero, os sociopolítico-ideológicos.

O negro no teatro

Dentro do contexto artístico brasileiro, ainda que possa ser considerado de forma incipiente, o negro vem nos últimos anos conquistando espaços na mídia televisiva e no cinema, apesar de que, com raras exceções, muitas vezes em papéis ainda secundários (empregadas domésticas, malandros, criminosos, etc.). Na mídia televisiva, hoje, vem sendo considerado "politicamente correto" escalar para o elenco das produções – novelas, minisséries, casos especiais e nos *reality shows* – uma porcentagem de negros. O sujeito negro[39] também se faz presente nas artes plásticas e na música em distintos grupos e estilos musicais (samba, pagode, axé, *rap*, *hip-hop*, MPB).

Em se tratando do teatro brasileiro, não posso deixar de mencionar o trabalho realizado pelo Teatro Experimental do Negro (TEN), que começou a modificar o cenário e a participação do ator negro nas produções teatrais brasileiras. Sobre a fundação, estréia e objetivos do TEN, relata Abdias do Nascimento, na *Revista do Patrimônio Histórico e Artístico Nacional*:

> Engajado a estes propósitos, surgiu em 1944, no Rio de Janeiro, o Teatro Experimental do Negro, ou TEN, que se propunha a resgatar, no Brasil, os valores da pessoa humana e da cultura negro-africana, degradados e negados por uma sociedade dominante que, desde os tempos da Colônia, portava a bagagem mental de sua formação metropolitana européia, imbuída de conceitos pseudocientíficos sobre a inferioridade da raça negra. Propunha-se o TEN a trabalhar pela valorização social do negro no Brasil, através da educação, da cultura e da arte[40].

Cumprindo os seus objetivos, o TEN alfabetizou centenas de negros, lutou em prol de sua inclusão social, combateu o racismo e levou ao teatro vários textos em que o negro brasileiro e a sua cultura eram a temática central.

Com o TEN, pela primeira vez, um ator negro, o então estreante Aguinaldo Camargo, entrou no palco do Teatro Municipal do Rio de Janeiro, na posição de artista principal, interpretando Brutus Jones, personagem clássica da peça *O Imperador Jones*, de Eugene O'Neill, no dia 8 de maio de 1945. Naquele momento histórico, não mais era preciso pintar um ator branco de negro para dar vida às personagens negras da dramaturgia universal. A inserção da cultura afro-brasileira no teatro passa a ser uma das preocupações do TEN, que, em 1947, teve o primeiro texto brasileiro escrito especialmente para ele, *O filho pródigo.* Com o teatro feito para e pelo negro, o TEN buscou combater a discriminação racial e social em todos os sentidos, funcionando como agente social, buscando formas de integração e de melhoria econômica para o negro brasileiro. Entre os atores que atuaram e passaram pelo TEM, destacam-se, entre outros, além de Abdias Nascimento, Aguinaldo Camargo, Haroldo Costa, Lea Garcia e Ruth de Souza.

Mesmo reconhecendo que o negro e a sua cultura poderiam ser mais retomados em textos dramáticos e em propostas espetaculares, devo destacar que há autores e grupos que se preocupam em dedicar o seu trabalho à pesquisa da cultura afro-brasileira. Nesse texto, interessa-me destacar uma peça específica de Plínio Marcos, *Balbina de Iansã,* e o trabalho da Companhia dos Comuns.

Balbina de Iansã, de Plínio Marcos

As personagens marginalizadas socialmente sempre fizeram parte da dramaturgia pliniana – entre outras, a prostituta, o desempregado, o malandro, o delator, o cafetão, o homossexual – e, ao mesmo tempo, sempre foram vetadas pela censura. Em um momento de sua carreira, o autor teve toda a sua obra censurada e, durante muitos anos, viveu das edições e reedições autofinanciadas de seus textos, em exemplares que vendia nas filas de teatro e que incluíam novelas, contos, peças e romances. Em sua obra, algumas personagens de crônicas ou contos migraram para o teatro. Uma delas é *Balbina de Iansã*[41], de 1970, nascida de textos jornalísticos e que resolvi resgatar e comentar brevemente, por se tratar de uma das principais peças em que o dramaturgo retrata a questão da religião afro-brasileira como enredo central e, com ela, a questão do negro.

Geralmente, as personagens plinianas estão imbuídas de religiosidade como já foi observado, entre outros, por Vera Artaxo, Dom Hélder Câmara, Décio de Almeida Prado e Sábato Magaldi. Esse sentimento de religiosidade se revela em atos mínimos, como o desejo de Dilma, de *O abajur lilás* (1975), de dar uma vida digna ao seu filho, mesmo que para concretizá-lo tenha que se prostituir; ou Nina, de *Quando as máquinas param* (1971), que se recusa a fazer aborto por ir contra a lei divina, mas principalmente por não abrir mão do sonho de ser mãe, mesmo que, para isso, tenha que abandonar o marido que ama; ou o tema da Paixão de Jesus Cristo, que é o foco central de *Dia Virá*, texto de 1967, e base para a montagem de *Jesus Homem,* do grupo O Bando, em 1978.

Entretanto, resolvi tomar como foco de análise a peça *Balbina de Iansã* por se tratar de um texto em que aparece o questionamento de duas correntes religiosas: o candomblé e o cristianismo, por meio da religião católica. A peça faz parte dos musicais da década de 70 levados ao palco pelo autor, que lançou compositores e músicos da roda de samba paulista. Ao escrever e dirigir *Balbina de Iansã*, Plínio Marcos tinha como uma de suas preocupações básicas "denunciar a importação de cultura que vai cada vez mais esmagando nossa cultura popular"[42]; fato que ainda é comum na nossa contemporaneidade e por isso faz com que esta análise seja pertinente.

O texto dramático relata a história de amor de Balbina (filha de Iansã) e João (filho de Xangô) numa casa de candomblé, retratando os elementos que fazem parte do ambiente: imagens de santos e entoação de pontos do candomblé. É o único texto do autor em três atos, além de ser o único cuja temática é uma história de amor, uma tragédia inspirada em *Romeu e Julieta* e ambientada num terreiro de macumba. Raymond Williams, relendo Hegel, argumenta:

> A tragédia considera o sofrimento como "pendente sobre personagens ativas inteiramente como conseqüência do seu próprio ato" e reconhece, além disso, a "substância ética" desse ato – um envolvimento da personagem trágica com ele – como oposto a "ocasiões de contingência inteiramente externa e circunstancial, ocasiões para as quais o indivíduo não contribui, e pelas quais ele também não é responsável, como doenças, perdas de propriedades, morte e similares"[43].

Os traços da tragédia vão sendo delineados com o desenvolvimento da trama. Logo no início, a imagem de Iansã é quebrada. Isso pode ser lido como um sinal de desgraça que é trazida para o terreiro.

Em seguida, Boba (uma deficiente mental, filha de Zeninha, a zeladora do lugar, e responsável por deixar cair a imagem de Iansã, quando escuta a voz de Zefa, a mãe-de-santo responsável pela casa) come as oferendas que Zefa oferece a Exu para acalmar a ira da entidade – outro prenúncio da tragédia. Boba se livra do castigo de Zefa por causa de Balbina, que intercede a seu favor, dando-lhe proteção, mas, ao mesmo tempo, a mãe-de-santo jura castigá-la pela desobediência.

Balbina é o elemento que encadeia a tragédia. Expedito, um protegido da mãe-de-santo a quem ela tinha "fechado o corpo", é rejeitado por Balbina, delineando-se o início do conflito. O desenvolvimento se dá com o pedido que esse faz a Zefa para que lhe dê Balbina. Entretanto, a mãe-de-santo já a tinha "doado" para o doutor Souza. Em seguida, João Girco, integrante do grupo do Angóis, é introduzido no conflito. Chega ao local atraído pela festa no terreiro de Pedra Branca, de Mãe Zefa, e assim que olha para Balbina – como na obra shakespeariana –, apaixona-se. João e Expedito acabam lutando fisicamente pelo amor de Balbina: Expedito mata Tuim pelas costas e é vingado pelo amigo que o atinge com a mesma faca – outra intertextualidade que podemos estabelecer com a tragédia de Shakespeare. Entretanto, o que deve ser enfatizado é que a fala de Expedito, antes de morrer, coloca em xeque o poder de Zefa: "Mãe... de Santo... de merda... Ca... dê meu corpo fechado?... Ca... dê... fajuta..."[44], sendo que essa, com medo de perder o poder, acusa Balbina como a responsável pela tragédia:

> Povo de Pedra Branca, terreiro de Oxalá onde Zefa é primeira. Foi Balbina que arrastou a desgraça pra essa roça, Foi a Balbina. Ela que tem a culpa. Ela foi contra a vontade de Mãe Zefa! Carregou Iansã de enganação. Zombou dos Encatados. E trouxe a bronca dos Orixás contra a casa de Zefa. Destruiu nosso Axê de força, quebrou o mistério de corpo fechado de Expedito e fez o sangue rolar. Balbina ficou com o carrego da Boba. Precisa ser limpa no tronco. Assim tem que ser pra casa de Zefa ficar livre da desgraça que a coisa feita no mal jogou pra cima da gente. Botem ela no tronco. Vai ser limpa com cipó virgem[45].

Balbina é levada ao tronco, onde é espancada para ter seu corpo descarregado. Não obstante, não se esquece de João e decide unir-se a ele, mesmo contra a vontade de Mãe Zefa. O ato que desata o conflito é o rompimento de Balbina com sua mãe protetora, recusando-se a ser "cavalo" de Iansã:

> Deixa minha cabeça zoeira, Iansã! Mas eu não sou mais de tu! Deixa meu corpo marcado de lanho, mas não sou mais de tu! Deixa ferida aberta, Iansã! Mas eu não sou mais de tu! Me deixa danada pra sempre, Iansã. Mas eu não sou mais de tu! Não sou mais de tu! Não sou mais de tu! Não sou de Iansã que largou meu João no desamparo! Não sou mais de Iansã! Que venha sobre mim a raiva. Que eu me arda na danação! Mas não sou de Iansã! Não sou! Não sou mais de Iansã! *(Balbina pega Iansã)* Quebro com tu Iansã! Quebro por gosto! *(Balbina joga Iansã longe)*. Agora não sou mais de tu! Não sou mais eu! Não sou nada sem João[46].

Em Plínio Marcos, ao contrário de Shakespeare, o final trágico não é mantido, pois o amor entre Balbina e João Girco é concretizado, eles lutam e conseguem vencer cada obstáculo, mesmo sem a ajuda dos Orixás para protegê-los. Agora, um dependerá apenas do outro. Com esse texto, o autor inicia uma mudança na temática de suas obras, pois, aqui, não é mais enfocada a miséria que acaba gerando a degradação humana. Portanto, o aspecto mais relevante desse texto pliniano é, sem dúvida, o questionamento feito da falsa crença religiosa.

A interculturalidade se dá nessa obra pliniana pelo entrecruzamento cultural do candomblé com a religião católica. O texto demonstra a relação das personagens dentro de um "centro de macumba" (conforme as palavras do próprio autor), focando as ações dramáticas na personagem protagonista que é protegida do orixá Iansã e estabelecendo um diálogo entre o culto africano e a religião ocidental. O sincretismo religioso é evidenciado não apenas a partir das imagens de santos usados em cena, conforme explica Zeninha à filha Boba; Jesus → Oxalá ["Tu já sabe qual é Oxalá.Vai enganar pra mim que fui que te pari, que tu nã o sabe que Oxalá é esse pregado na cruz."[47]]; Ogum → São Jorge ["Xangô não é Ogum. Ogum é esse a cavalo (São Jorge). Onde já se viu Xangô montado." (*ibidem*)]; Santa Bárbara → Yansã

[“Agora Santa Bárbara que é Iansã.”[48]]; São Benedito → Bitoto [“Bitoto é o criolo vestido de padre. Então S. Benedito é Bitoto.”[49]], mas também através das falas das personagens: “Saravá Xangô. Mas seu [*sic*] de Santa guerreira Iansã. Eparrêi. Santa Bárbara de fé. Ela me cobre”[50].

Nas palavras de Vera Artaxo:

> E tem *Noel Rosa* e *Chico Viola. Blavastsky, Balbina, Jesus*. É que ninguém havia colocado no palco, antes dele, o chamado submundo. É compreensível que haja essa mística em torno dessa coisa, o escritor dos excluídos. Ele é isso também. Mas é mais o escritor do homem, simplesmente. Acho que a obra do Plínio é importante e sempre será porque transcende épocas, lugares, profissões, circunstâncias. É arte porque fala do homem[51].

Esse falar do homem, especificamente sobre o excluído, é que faz da obra pliniana um marco da dramaturgia brasileira. Lendo os seus textos, somos levados a refletir sobre a sociedade em que estamos inseridos constantemente. A sua dramaturgia não pode ser fixada cronologicamente no tempo de construção de seus textos dramáticos, pois suas personagens ainda têm muito a dizer, como demonstra o texto *Balbina de Iansã*. Para tal, basta que se comente que atualmente ainda há muitos que usam inadvertidamente o culto aos orixás e, por outro lado, sabe-se que há casas e terreiros que são fechados porque seus dirigentes se converteram ao protestantismo e por isso não podem seguir cultuando os seus orixás, morrendo com eles parte da cultura afro-brasileira.

Bakulo: Os bens lembrados – Companhia dos Comuns

> A Companhia dos Comuns tem como missão retratar a riqueza e a singularidade da cultura negra na sociedade contemporânea, através das artes cênicas.
> O Teatro tem posição destacada em todas as culturas, expressando visões de mundo, sentimentos, sonhos e desejos. Por sua vez, alimenta-se de mitos, lendas, costumes populares, estilos históricos de vida, além de assimilar todas as formas de arte. Nessa perspectiva, o teatro é a “expressão concentrada de uma cultura”.

> Entretanto, a despeito da relevante função social das artes cênicas – e do teatro em particular – existe uma lacuna na dramaturgia que chega aos nossos palcos. É paradoxal que no país que abriga a segunda maior população negra do mundo, e que evoca como símbolos de sua cultura a música, a dança e a culinária negras, o teatro ainda expresse de forma tão tímida a influência do negro na sociedade brasileira[52].

Com essas palavras, a Companhia dos Comuns, grupo teatral carioca, criado e dirigido pelo ator Hilton Cobra e integrado somente por atrizes e atores negros, dá a conhecer o seu primeiro espetáculo, *A Roda do Mundo,* levado ao palco em 2001. Desde sua criação, assim como aconteceu com o TEN durante o período de sua existência, o trabalho do grupo se tem voltado para o resgate e a valorização da cultura afro-brasileira, levando à cena as preocupações e as situações cotidianas enfrentadas pelo negro na nossa sociedade. Dessa forma, explorando temáticas relacionadas à cultura negra, foram montados, até então, três espetáculos que fazem parte de uma trilogia artística concebida pelo grupo. Todos os textos foram escritos pelo encenador e diretor Márcio Meirelles, mas foram criados a partir de um processo de construção coletiva que partiu das percepções de cada ator na construção das personagens.

Os atores Rodrigo dos Santos e Gustavo Melo em cena[53]

Integram a trilogia da Companhia dos Comuns: *A Roda do Mundo* (2001), *Candances – A Reconstrução do fogo* (2003) e *Balulo – Os bem lembrados* (2005). Para este texto, optei por discutir o último texto espetacular da Companhia dos Comuns, por se tratar da única proposta cênica a que tive a oportunidade de assistir em Belo Horizonte, em 2006. Segundo as palavras de Hilton Cobra,

> em A *Roda do Mundo* nossa temática abordava o quanto o negro precisa vender seus valores para sobreviver. Já *Candaces* era uma reação a isso – de um lado as mulheres preservando a ancestralidade e de outro, os homens rompendo com a herança dos antepassados. Agora em *Bakulo* os valores ancestrais, presente e futuro se fundem num grande amálgama[54].

Esses valores ancestrais serão trazidos à cena e, com eles, o espectador se vê diante de situações típicas vividas pelos negros na sociedade, fatos que fazem parte de nossa contemporaneidade tão marcada pela diferença socioeconômica, como demonstra a sinopse da peça descrita por Marcela Prior:

> Retratando esse abismo social, personagens que transitam entre as zonas norte e sul do Rio de Janeiro – entre o morro e o asfalto, em busca da realização dos seus sonhos e de uma vida melhor. São tipos comuns que buscam tornarem-se mais do que um simples número de registro no censo demográfico – e por esse motivo lutam cotidianamente para fazer respeitar a sua história de vida: o Rapper que sonha montar uma rádio para unir toda a comunidade e estabelecer uma ligação com outras mais distantes; ou ainda a jovem mais interessada em se dar bem na vida, não importando os meios; o cineasta que em toda carreira só conseguiu realizar um curta-metragem e vive a perseguir o melhor ângulo para retratar as mazelas daquele lugar; ou a professora universitária que escreve uma tese ambientalista sobre a ocupação desenfreada de território e de como as comunidades pobres são predadoras do próprio local em que vivem[55].

O espetáculo da Companhia dos Comuns cumpre com o objetivo do grupo de retratar e resgatar o negro e a sua cultura. A montagem, além de recuperar mitos e nações de origens africanas, dialoga intertextualmente com obras de autores que se fazem presentes no texto dramático como referências, entre os quais podemos encontrar Abdias do Nascimento, Castro Alves, Eryk Rocha, Glauber Rocha, Lélia Gonzáles, Milton Santos, MV Bill e Zózimo Bulbul. O texto espetacular de Márcio Meirelles prima pela beleza musical e estética, pela palavra e pela técnica. As músicas rituais integram todo o espetáculo. Logo no início, os atores nus em cena, em cima bancos coloridos, cantam em línguas diferentes uma mesma canção. As vestes dos atores, criadas por Biza Vianna, são todas brancas (cor de Oxalá) e se resumem em paletós, estando o atore com os bustos à mostra, e saias-calças largas que compõem plasticamente o figurino.

Bárbara Heliodora, em uma crítica intitulada "Panfletagem no palco não ajuda espetáculo", publicada no Jornal *O Globo*, no dia 16 de setembro de 2005, tece alguns elogios à cenografia, à iluminação e ao elenco, que considera "homogêneo em seu comprometimento com os objetivos de texto e direção, com as falas praticamente usando tom professoral, e sempre executado com eficiência e harmonia todo o enriquecimento corporal do espetáculo"[56]. Por outro lado, a crítica diz que "o didatismo, desta vez, é declarado ao ponto de o espetáculo ser composto pela apresentação da leitura de uma série de panfletos, seguida de episódios que seriam ilustrativos da influência dos 'ancestrais' (significado exato da palavra 'bakulo')"[57]. Não acredito que esse tom "didático" ou "professoral" observado pela crítica possa ser considerado como um aspecto negativo da montagem. Muito pelo contrário, considero o tal "tom professoral" pertinente, uma vez que as inquietações que fazem parte do universo negro retratado devem ser, cada vez mais, didaticamente exposta à sociedade, uma vez que, se realmente não houvesse qualquer tipo de exclusão e segregação, nesse caso sim não seria necessário, a todo o momento, retomar e refletir sobre o abismo que existe entre aqueles que possuem (e aqui, independente da cor) e os que não possuem casa, educação, saúde (nesse caso, a grande maioria, composta por negros). É essa discussão que a Companhia dos Comuns propõe, didaticamente sim, a partir da montagem *Bakulo*.

No espetáculo, os atores conseguem atingir tecnicamente o esperado por Grotowski (1992), ou seja, que o desvendamento dos atores se faça não para o espectador, mas diante dele. Isso acontece, por exemplo, com a atriz Tatiana Tibúrcio, que se destaca dando vida à personagem C.G (respondendo ao chamado do patrão que a quer utilizar no seu novo filme, por considerar que ela encarna "os mais de 500 anos de opressão do negro"):

> faço um personagem difícil de fazer porque invisível
> um dos milhões de negros invisíveis deste país
> e do mundo
> aquele que é apenas número
> e como número não comove
> somente espanta
> sou um desses personagens invisíveis que habitam suas vidas
> são necessários a ela
> porque servem a vocês
> dão tempo para que pensem se divirtam façam pesquisas
> ganhem dinheiro
> com projetos sociais de reconstrução de auto-estima de inclusão
> revisibilização
> dão tempo
> para que se emocionem com fatos distantes que não ameaçam
> ou com nós mesmos adoçados pelo mel da ficção
> só nos tornamos visíveis quando pegamos em armas
> e travamos uma luta não-ideológica
> mas carregada de ideologia
> a mesma do lucro da competição da destruição do outro
> só nos tornamos visíveis quando os números
> invadem suas casas com as armas na mão
> quando interrompemos a trânsito com bombas e tiroteio
> quando interrompemos a novela das oito em edição extraordinária[58].

A atriz, distanciadamente (no centro do palco, com uma luz branca que deixa todo o seu corpo à mostra), enuncia o seu texto e, à medida que o pronuncia, vai assumindo a personagem C.G, uma personagem invisível. No começo de sua fala, a sua postura é esguia e os seus gestos são precisos, mas logo as suas ações físicas vão se modificando, seu corpo começa a se fragilizar em gestos pequenos que se tornam grandes aos olhos do espectador. Seus ombros e braços vão ligeiramente caindo, o seu olhar, que encarava "didaticamente" de frente a platéia, vai sendo desviado em direção ao chão, o seu rosto assume um aspecto grave e sombrio. Cria-se uma posição de inércia e, ao fim do discurso, o que se vê no palco, não remete à imagem esguia da atriz Tatiana Tibúrcio, mas de um ser sombrio como anuncia a personagem Ernesto: "Uma massa bruta, inerte, doída, subjugada, invalidada, silenciada". Em outro momento: "Há três anos, quando ela chegou aqui, era uma mulher altiva, forte, digna... E no convívio com você, a pobre foi se curvando, curvando, curvando..."[59].

O recurso brechtiano do distanciamento é utilizado em outros momentos do espetáculo com o objetivo de que os atores mostrem as personagens e com isso os espectadores possam refletir sobre os tipos sociais que estão sendo desvelados à sua frente. O resultado alcançado é que o público se sente como parte integrante do aparato cênico e da fábula que lhe são revelados. Neste sentido, a verdade fisiológica do ator e a materialidade de seu olhar, de sua pulsação, de seu corpo, de sua voz – recursos atorais propostos por Grotowski – são capazes de fazer-se presença em cena.

A interculturalidade é outro conceito que está presente no texto dramático e na encenação de Márcio Meirelles. Como evidencia Patrice Pavis: "Já não basta, de fato, escrever as relações dos textos (ou mesmo dos espetáculos), entender seu funcionamento interno; é necessário também e, sobretudo, compreender sua inscrição nos contextos e culturas e apreciar a produção cultural que resulta desses deslocamentos inesperados"[60]. Dialogando com a linguagem cinematográfica – uma vez que as cenas são construídas como se tratassem do roteiro de um documentário que está sendo produzido por uma das personagens –, a cultura africana é um referente constante no texto espetacular "Podemos mostrar como a África sobrevive nas favelas do Brasil", propiciando uma concretização dos "deslocamentos inesperados" propostos por Pavis, trazendo mitos de origem africana para cena, executando assim um diálogo com o nosso momento de enunciação. O espectador pode perceber essa concretização a partir da observação da personagem Ti, muito bem interpretada pelo ator Fábio Negret, um jovem com distúrbios neurológicos, benquisto e cuidado pelo irmão e por todos da comunidade:

> Ti... esse personagem me emociona muito. Depois, então, da destruição da sede da ONG, a próxima seqüência. Abre uma panorâmica num reino em Daomé. África. Toda a população daquele reino cuida de um garoto que nasceu com defeito. Problemas neurológicos. Por quê? Aí está a conexão. Em Daomé, assim como em outros reinos da África – E isso até hoje – Em Daomé, quando nascia uma criança albina, diferente... aleijada ou com defeito mesmo, cada uma delas era cuidada por toda comunidade como rei[61].

Pavis também evidencia que a representação teatral da cultura obriga a encontrar meios especificamente cênicos para representar uma cultura doméstica (eu diria local, regional, específica) e sugere que "em lugar de explicar um ritual, [seria melhor] executá-lo; em lugar de dissertar sobre as condições sociais dos indivíduos, [seria melhor] mostrá-las por meio de um *gestus* imediatamente legível"[62]. Para Pavis, o ritual perde o seu sentido quando é extraído de seu contexto e transposto para a cena; entretanto ele mesmo argumenta que nada impede ao teatro se declarar como o lugar de uma outra cerimônia, onde o ritual conservará a sua validez. O ritual em *Bakulo* é reconcretizado em várias cenas, ganhando força cenicamente. Por exemplo, por meio do uso da linguagem musical do *rap* – "rima, palavra forte, palavra de Elegbara" –, duas personagens executam um tipo de duelo cênico, falam/rimam simultaneamente, evocam os orixás – "que Obaluaiê nos dê saúde / as armas tão na mão da juventude" –, dividindo a atenção do público que tem que fazer uma opção para escutar um dos discursos ou se deixar levar pelo sentido global e pelas ações ritualísticas propostas: corpo, voz, gestos e partituras físicas dos atores em ação.

Também como propõe Pavis (1998), acredito que, em cada proposta espetacular, o texto dramático deve ser colocado em situação de enunciação em função do novo contexto social de sua recepção. No caso específico de *Bakulo*, esse contexto é o dos negros excluídos socialmente em diferentes instâncias sociais. É a reflexão proposta pelas personagens Walkyria e Ernesto – interpretadas respectivamente pelos atores Débora Almeida e Hilton Cobra –, um casal em conflito ideológico e de relacionamento. Ela, negra, de classe média, moradora da Zona Sul, intelectual que escreve a tese "O impacto causado pelas práticas predatórias das comunidades populares ao meio ambiente"; Ele, negro, morador da periferia, fez um curta-metragem que o levou para a Zona Sul, para o convívio com os intelectuais e a Academia, gerou palestras, dissertações, teses e um prêmio internacional e, logo depois, foi esquecido pela mídia, mas quer voltar a ser reconhecido fazendo um documentário da comunidade na qual foi criado e da qual saiu depois que ficou famoso. Esse fato gera um deslocamento, uma que vez a personagem se vê literalmente num entre-lugar discursivo, ideológico e social – não é mais "favelado" (com toda a carga negativa que a palavra sugere), mas também não se sente incluído socialmente na Zona Sul, onde já não é mais reconhecido, e tampouco se vê aceito entre os seus: "Meu irmão não tem defeito. Ele não é maluco. O cara é o cara. É do jeito dele. Eu tenho o meu jeito, você tem o seu jeito. O cara tem o jeito dele. Não vou dar depoimento nenhum. Você não tem autorização para filmar o meu irmão. Passe bem"[63].

A encenação de Márcio Meirelles, *Bakulo – Os bem lembrados*, propõe uma integração política e cultural ao trazer para a cena a representação de nuances que fazem parte da realidade enfrentada pelos moradores das favelas (a grande maioria composta por afrodescendentes) que integram os subúrbios das grandes cidades brasileiras. O universo retratado é o da cidade do Rio de Janeiro. Não obstante, as mazelas discutidas no texto espetacular podem ser concretizadas a vários centros urbanos de outros Estados do Brasil. A cultura afrodescendente é resguardada e colocada cenicamente em circulação e em diálogo com a afro-brasileira na proposta espetacular de Meirelles. O espectador presencia na cena final (ação espetacular que se concretiza a partir de uma proposta cênica cinematográfica) uma evocação aos orixás que reaparecem e tomam conta do planalto central para, ainda que utopicamente, colocar "ordem" na casa (na favela, na cidade, no estado, no país). O ritual de lavagem – uma referência concreta ao ritual de lavagem das escadarias de

Nosso Senhor do Bonfim, realizada em Salvador, todos os anos no mês de janeiro –, com toda sua simbologia (purificação, esperança, vida nova), traz os Bakulo (os anciãos, os antepassados) para que possam reorganizar a casa:

> Os orixás invadem o planalto central do país. Orixás-voduns-inquices vêm comandando uma multidão de mães e filhas-de-santos. Vêm comandando todo o povo brasileiro, todos vestidos de branco, com flores e vãos de água para lavar o Congresso Nacional. Corte para a plenária da Câmara Federal. Plano geral. Os orixás-voduns-inquices vão entrando. Os deputados levantam-se surpresos. Corte para o Senado. Entrada dos orixás-voduns-inquices. Corte para close de cada deputado e senador surpreendido, olhando a câmara. Transfigurações das expressões. Agora não são mais senadores ou deputados. São os orixás-voduns-inquices que vão governar o país. Ter procedimentos corretos. Fazer leis justas, leis herdadas dos ancestrais. Corte. *Música: Tema de Hoya.* Plano aéreo das savanas, onde se vê uma criança divina dançando ao redor dos antepassados, estáticos. Estátuas vivas, governando o equilíbrio do mundo. O sol brilha e nos ofusca. *Música funde com Tema dos Bakulo*[64].

Representação ritualística-performática precisa encontrada pela Companhia dos Comuns para encerrar a sua trilogia sobre a ancestralidade, pois sabemos que o trabalho sobre a inserção do afro-brasileiro e da sua cultura ainda tem muito a dizer.

Considerações finais

Analisando a produção artística mineira, o que se observa é que o negro e a cultura afro-brasileira podem e devem ser ainda muito estudados. Reconheço que há uma preocupação de artistas e pesquisadores para legitimarem os espaços de saberes advindos da necessidade de fomentar um constante diálogo com as culturas diaspóricas africanas. Especificamente, no campo das artes performáticas realizadas em Belo Horizonte, já foi consolidado o Festival Internacional de Teatro (FIT)[65] (que ocorre a cada dois anos desde 1998) e, atualmente, começa a ganhar espaço e reconhecimento o Festival de Arte Negra

(FAN)[66]. Não posso deixar de citar algumas propostas espetaculares belo-horizontinas realizadas nos últimos anos e que retratam os aspectos aqui discutidos[67], são elas: *Cuenda* (2000, direção de Cristina Tolentino e apresentado pelo Grupo Bayu), *Entre o céu e a Serra* (2001, direção artística de Cristina Machado e representado pela Cia. de Dança de Minas Gerais), *Os orixás* (2001, do Grupo Giramundo, direção de Álvaro Apocalypse), *Caim e Abel* (2002, do Grupo Pontífex, direção de Alexander de Moraes), *Nossosnuestrosmitos – Primeiro Estudo* (2002) e *Nossosnuestrosmitos – Segundo Estudo* (2003/2004) (ambas do Grupo de Teatro Mayombe, direção de Sara Rojo) e *O último vôo do flamingo* (2006, adaptação do romance de Mia Couto, dramaturgia e direção de Papoula Bicalho e Paulo César Bicalho). Esses trabalhos artísticos resgatam elementos da cultura negra e, por esse aspecto, possibilitam a inversão do paradigma identitário, pois ao mesmo tempo em que colocam em questionamento a cultura "fabulada" pelo discurso hegemônico, eles realizam, cenicamente, uma retransmissão mnemônica dos mitos e dos rituais de origem afro-brasileira.

Considero que todos os textos trazidos para discussão neste trabalho – e, por extensão, obviamente, neste livro – devem ser considerados como forma de representação da expressão afrodescendente ou afro-brasileira, independentemente da terminologia utilizada, pois cada qual, a sua maneira e a partir de uma perspectiva ideológica, resgata a ascendência negra que se dilui nas miscigenações e se constituem como fonte de reflexão para a questão da negritude (da negrura/do negróide) e para que possamos fomentar a questão da inclusão que, sem sombra a dúvidas, é muito mais que social, é diaspórica, lingüística, identitária, cultural, política e, principalmente, humana.

Notas:

[1] MACHADO e PAGEAUX. *Da literatura comparada à Teoria da Literatura*, p. 161.

[2] SANTIAGO. *Uma literatura nos trópicos: ensaios sobre dependência cultural*, p. 18, grifos do autor.

[3] BHABHA. *O local da cultura*, p. 20-21, grifos do autor.

[4] TRAGTENBERG. A luta contra o racismo no Brasil e o movimento docente, p. 19.

[5] Segundo o autor, esses dados são fontes do estudo do IPEA, "Desigualdades Raciais no Brasil", de autoria de Ricardo Henriques (disponível em: www.ipea.gov.br, 2002), e do *boletim do DIEESE* "Desigualdades Racial no mercado de trabalho" (nov./2002).

[6] TRAGTENBERG. A luta contra o racismo no Brasil e o movimento docente, p. 22-23.

[7] MARTINS. Performances do tempo espiralar, p. 73.

[8] MARTINS. Performances do tempo espiralar, p. 73.

[9] MARTINS. Performances do tempo espiralar, p. 73.

[10] MARTINS. *A cena em sombras*, p. 126.

[11] MARTINS. *A cena em sombras*, p. 125-126.

[12] NUNES. *Para sempre Clara*, 2003.

[13] Jornal da Globo. *Rede Globo de Televisão*, 6 jan. 2006. Fragmento transcrito de uma gravação. Foto: http://mixbrasil.uol.com.br/mundomix/religiao/padre_pinto/padrepinto.asp.

[14] Disponível em: http://mixbrasil.uol.com.br/mundomix/religiao/padre_pinto/padrepinto.asp.

[15] ALCÂNTARA. *Tumtum Jacutinga-lá*, 2005.

[16] ALCÂNTARA. *Velho Guerreiro*, 2004-2005.

[17] Cf. a entrevista na íntegra no final do livro (p. 212-216).

[18] Os dois primeiros CD's são denominados "Família Alcântara Coral, e o último "Família Alcântara – O canto negro dos Alcântara e as raízes do Quilombo", com os seguintes componentes: Ivone de Fátima, Cassimira Tomé, Alécia F. de Souza, José da Conceição, Pedro Antônio, Aparecida Gomes, Marcela Mara Conceição, Thiago C. Conceição, Marina Vieira, Vinícius Nascimento Gomes, Hudson Papa, Eva Cristian N. Gomes, Leidiane M. da Silva, Jales dos Santos, Neusa F. da Silva, Eder Lúcio da Silva, Jordana Eline Aparecida, Jader Eline dos Santos, Joice Cristina S. Oliveira, Diêmersom Faustino, Lívia Cristina Faustino, Emerson M. A. Faustino, Martinele Aparecida Miranda, Joaquim Papa, Maria Aparecida Papa Faustino, Conceição F. P. Oliveira, Diego M. de Souza, Túlio Marcos dos Cristãos, Maiza Maria da Conceição, Mercedes Firmo, Bárbara F. Papa, Amanca C. P. Oliveira, Vitor Hudo do Cristão, Júlia H. F. Silva, Michael Mackienzie Alcântara, Délio Estevão Anunciação, Vladimir Ereiam, Nina F.F. Alcântara.

[19] Filomena Tomázia, matriarca da família, que nasceu menos de duas décadas após a abolição da escravatura no Brasil e faleceu em 2005. Ensinou aos seus filhos as músicas que aprendeu com seu tio-avô, conhecido como mestre Afonso. Coroada rainha do Congado, cultivou suas raízes junto aos filhos.

[20] Entrevista com a Família Alcântara, 2006.

[21] Entrevista com a Família Alcântara, 2006.

[22] Um quilombo remanescente em Caxambu, próximo da cidade de João Monlevade, onde vivem mais de mil pessoas. Trabalhadores rurais que, com algum laço de parentesco, encontram-se, de maio a novembro, toda semana nas guardas do Congado.

[23] Entrevista com a Família Alcântara, 2006.

[24] LIGIÉRO. A performance do samba.

[25] DUARTE. *Notas sobre a Literatura Brasileira Afro-descendente*, p. 47.

[26] Adão Ventura Ferreira Reis (1946-2004) é natural de Santo Antonio do Itambé, distrito do Serro, Minas Gerais. Formou-se em Direito pela Universidade Federal Minas

Gerais e em 1973, a convite da University of New Mexico, foi para os Estados Unidos onde lecionou literatura contemporânea. Publicou diversos livros, dentre eles *A cor da Pele, Texturafro* e *As musculaturas do Arco do Triunfo*. Já participou de várias antologias e seus poemas foram traduzidos para o inglês e o alemão. Teve um de seus poemas incluído na antologia *Os Cem Melhores Poemas Brasileros do Século*, organizada por Ítalo Moriconi (Ed. Objetiva, São Paulo). Em 2002, publicou *Litanias de Cão*.

[27] VENTURA, 1990. Disponível em: http://brazilianmusic.com/aabc/literature/palmares/adao.html.

[28] Disponível em: http://www.mineirosuai.com.br/ver.asp?codigo=2223&referer=catver.asp?id_cat=1__id_sub=4__id_div=0.

[29] HOLLANDA FERREIRA. *Pequeno dicionário brasileiro da Língua Portuguesa*, p. 1.120.

[30] HOLLANDA FERREIRA. *Pequeno dicionário brasileiro da Língua Portuguesa*, p. 1.120.

[31] VENTURA. *A Cor da Pele*, 1990. Disponível em: http://brazilianmusic.com/aabc/literature/palmares/adao.html.

[32] VENTURA. *Textura afro*.

[33] VELOSO. *Haiti*, 1993.

[34] MARTINS. O feminino corpo da negrura, p. 112, grifos da autora.

[35] EVARISTO. Disponível em: http://bayo.sites.uol.com.br/poemas_conceicaoevaristo.htm.

[36] Leda Maria Martins, no artigo "O feminino corpo da negrura" (p. 113), propõe outra leitura para esse poema de Conceição Evaristo.

[37] SANTOS. *De flores artificais*, p. 35.

[38] Há que se destacar que tanto Conceição Evaristo quanto Jussara Santos, além de serem professoras pesquisadoras que se dedicam ao estudo da afrodescendência, também escrevem textos em prosa. Evaristo já publicou vários contos e dois romances *Ponciá Vicêncio* (2003) e *Becos da Memória* (2006); e Santos, *De flores artificiais* (2002) e *Com afago & margaridas* (2006).

[39] Cf. A África na vida e na cultura do Brasil, de Manuel Diegues Júnior, na *Revista do Patrimônio Histórico e Artístico Nacional* (1997: 11-27).

[40] NASCIMENTO. *Revista do Patrimônio Histórico e Artístico Nacional*, p. 72.

[41] Essa análise integra a minha tese *Juan Radrigán e Plínio Marcos: contextos e textos dramáticos / espetaculares*, defendida em 2004, pelo Programa de Pós-Graduação em Letras – Pós-Lit, da Faculdade de Letras da Universidade Federal de Minas Gerais.

[42] MARCOS *apud* VIEIRA. *Plínio Marcos: A flor e o mal*, p. 163.

[43] WILLIAMS. *Tragédia Moderna*, p. 54-55.

[44] MARCOS. *Balbina de Iansã*, p. 28. (texto cedido, via e-mail, por Vera Artaxa, em 2002 - não publicado).

45 MARCOS. *Balbina de Iansã*, p. 28. (texto cedido, via e-mail, por Vera Artaxa, em 2002 - não publicado).

46 MARCOS. *Balbina de Iansã*, p. 34. (texto cedido, via e-mail, por Vera Artaxa, em 2002 - não publicado).

47 MARCOS. *Balbina de Iansã*, p. 2. (texto cedido, via e-mail, por Vera Artaxa, em 2002 - não publicado).

48 MARCOS. *Balbina de Iansã*, p. 3. (texto cedido, via e-mail, por Vera Artaxa, em 2002 - não publicado).

49 MARCOS. *Balbina de Iansã*, p. 3. (texto cedido, via e-mail, por Vera Artaxa, em 2002 - não publicado).

50 MARCOS. *Balbina de Iansã*, p. 16. (texto cedido, via e-mail, por Vera Artaxa, em 2002 - não publicado).

51 ARTAXO. Entrevista.

52 *A Roda do Mundo*, 2001.

53 Disponível em: http://www.teatrovilavelha.com.br/blog/2005/09/estria-estria-estria-bakulo-os- bem_01.html.

54 Disponível em: http://www.teatrovilavelha.com.br/blog/2005/09/estria-estria-estria-bakulo-os-bem_01.html.

55 Disponível em: http://www.universodamulher.com.br/index.php?mod=mat&id_materia=4560.

56 Disponível em: http://www.teatrovilavelha.com.br/blog/2005/09/crtica-de-bakulo-publicada-em-o-globo.html.

57 *Ibidem.*

58 *Bakulo – Os bem lembrados*, 2005.

59 *Bakulo – Os bem lembrados*, 2005.

60 *Teatro contemporáneo: imágenes y voces*, p. 40, no original, em español, (tradução minha).

61 *Bakulo – Os bem lembrados*, 2005.

62 *Teatro contemporáneo: imágenes y voces*, p. 57, grifos do autor, no original em espanhol, (tradução minha).

63 *Bakulo – Os bem lembrados*, 2005.

64 *Bakulo – Os bem lembrados*, 2005.

65 Começou em 1993, quando dois Festivais Internacionais de Teatro, um de palco, outro de rua, estavam por acontecer em Belo Horizonte. Daí surgiu a idéia, proposta pela Secretária Municipal de Cultura, Maria Antonieta Cunha, de juntar os dois eventos e, em 1994, ocorreu a primeira edição do Festival, que, a partir de 1998, passou a ser realizado bienalmente e, em 2006, foi concluída sua oitava edição.

66 Promovido pela Prefeitura Municipal de Belo Horizonte, por meio da Fundação Municipal de Cultura, a primeira edição do FAN ocorreu em 1995, a segunda em 2003 e a terceira em 2005/2006. O tema dessa última edição foi "*Territórios Negros*" e tratou das estratégias de reterritorialização desenvolvidas no passado e no presente

pela população negra de Belo Horizonte e de outros pontos do mundo. Essa edição foi dividida em três grandes eixos: "Palavra, imagem e mídia", "Reconfigurações Urbanas" e "Corporalidades"; temáticas centrais dentro da discussão da cultura afro-brasileira.

[67] Cf. o artigo "Voces de África en las propuestas escénicas belorizontinas", onde apresento considerações sobre algumas montagens produzidas por grupos de teatros de Belo Horizonte que trabalharam com a temática da afrodescendência. Texto apresentado em 2003, na NYU, como parte do grupo de trabalho "Religiosidades da diáspora africana", no III Encontro de Performance, organizado pelo Instituto de Performance e Política das Américas. Disponível em: http://www.hemi.nyu.edu/por/seminar/usa/text/workgroups.shtml (grupo de trabalho).

Referências

BHABHA, Homi K. *O local da Cultura*. Tradução de Myriam Ávila, Eliana Lourenço de Lima Reis e Gláucia Renate Gonçalves. Belo Horizonte: Ed. UFMG, 1998.

DUARTE, Eduardo de Assis. Notas sobre a Literatura Brasileira Afro-descendente. In: SCARPELLI, Marli Fantini; DUARTE, Eduardo de Assis (Org.). *Poéticas da Diversidade*. Belo Horizonte: UFMG/FALE: Pós-Lit, 2002. p. 47-61.

EVARISTO, Conceição. *Becos da memória*. Belo Horizonte: Mazza Edições, 2006.

____. *Ponciá Vicêncio*. Belo Horizonte: Mazza Edições, 2003.

HOLLANDA FERREIRA, Aurélio Buarque. *Pequeno dicionário brasileiro da Língua Portuguesa*. 10. ed., Rio de Janeiro: Civilização Brasileira S. A., 1961.

LIGIÉRO, Zeca. A performance do Samba. O percevejo – Teatro e Cultura Popular. *Revista de teatro, crítica e estética*. Rio de Janeiro: Departamento de Teoria do Teatro, Programa de Pós-Graduação em Teatro, UNIRIO, 2000, n. 8, p. 87-97.

MANUEL MACHADO, Álvaro; HENRI PAGEAUX, Daniel. *Da Literatura Comparada à Teoria da Literatura*. Lisboa: Edições 70, 1989.

MARCOS, Plínio. *Balbina de Iansã*. São Paulo, s/d. Não publicado.

____. *Jesus Homem:* peça e debate. São Paulo: Grêmio Politécnico, 1981.

____. *O abajur lilás:* peça em dois atos. São Paulo: Brasiliense, 1975.

____. *Quando as máquinas param*. São Paulo: Global, 1978.

MARTINS, Leda. *A cena em sombras*. São Paulo: Perspectiva, 1995.

____. O feminino corpo da negrura. In: MACIEL, Maria Éster; MARQUES, Reinaldo Mariano; OTTE, Georg. *Revista de Estudos de Literatura. Dossiê América Latina*. Belo Horizonte: Centro de Estudos Literários da Faculdade de Letras, Curso de Pós-Graduação em Letras – Estudos Literários (FALE/UFMG), 1996, v.4, p. 111-121.

____. Performances do tempo espiralar. In: RAVETTI, Graciela; ARBEX, Márcia (Orgs.). *Performance, exílio, fronteiras:* errâncias territoriais e textuais. Belo Horizonte: Departamento de Letras Românicas, Faculdade de Letras/UFMG, 2002. p. 69-92.

PAVIS, Patrice. *Teatro contemporáneo:* imágenes y voces. Santiago de Chile: LOM Edicones, 1998.

SANTOS, Jussara. *De flores artificiais.* Belo Horizonte: Sobá / Omeio, 2002.

____. *Com afago & Margaridas.* Belo Horizonte: Quarto Setor Editorial, 2006.

REVISTA DO PATRIMÔNIO HISTÓRICO E ARTÍSTICO NACIONAL – Negro Brasileiro Negro. Brasília: Instituto do Patrimônio Histórico e Artístico Nacional do Ministério de Cultura, n. 25, 1997.

SANTIAGO, Silviano. *Uma literatura nos trópicos:* ensaios sobre dependência cultural. São Paulo: Perspectiva; Secretaria da Cultura, Ciência e Tecnologia do Estado de São Paulo, 1978.

TAYLOR, Diana. Encenando a memória social: Yuyachkani. In: RAVETTI, Graciela; ARBEX, Márcia (Orgs.) *Performance, exílio, fronteiras:* errâncias territoriais e textuais. Belo Horizonte: Departamento de Letras Românicas, Faculdade de Letras/UFMG, 2002. p. 13-48.

TRAGTENBERG, Marcelo Henrique R. A luta contra o racismo no Brasil e o movimento docente. *Universidade e Sociedade.* São Paulo: Sindicato Nacional de Docentes das Instituições de Ensino superior, ano XII, n. 29, p. 13-28, mar. 2003.

VENTURA, Adão. *Textura afro.* Belo Horizonte: Lê, 1992.

VERGER, Pierre Fatumbi. *Orixás, deuses Iorubás na África e no Novo Mundo.* Tradução de Maria Aparecida da Nóbrega. 5. ed., Salvador: Corrupio, 1997.

VIERA, Paulo: *Plínio Marcos:* A flor e o mal. Rio de Janeiro: Firmo, 1994.

WILLIAMS, Raymond. *Tragédia moderna.* Tradução de Betina Fischof. São Paulo: Cosas & Naify, 2002.

CADERNOS DE ESPETACULOS

Cia dos Comuns. *A Roda do Mundo.* Direção de Márcio Meirelles. Rio de Janeiro. Realização Cia dos Comuns, 2001. Caderno de Espetáculo.

Cia dos Comuns. *Bakulo – Os bem lembrados.* Encenação de Márcio Meirelles. Rio de Janeiro: Petrobras, Correios, Ministério das Comunicações,

Lei de Incentivo à Cultuara – Ministério da Cultura, 2005. Caderno de Espetáculo.

Cia dos Comuns. *Candances – A Reconstrução do Fogo*. Direção de Márcio Meirelles. Rio de Janeiro: Brasil Telecom, Eletrobrás, Correios, Lei de Incentivo à Cultura – Ministério da Cultura, 2003. Caderno de Espetáculo.

CD'S

NUNES, Clara. *Clara para sempre Clara*. Manaus, Som Livre, Globo EMI, 2003. 1 CD, digital.

FAMÍLIA ALCÂNTARA. *O canto negro dos Alcântara e as raízes do Quilombo*. Belo Horizonte, Estúdio Bemol, Na Pele – Laboratório de Produção, Tizumba, 2004-2005. 1 CD, digital.

BACA, Susana. New York: Warner Bros Records Inc., 1997. 1 CD, digital, estéreo.

Tropicália 2. São Paulo: Polygram, 1993. 1 CD, digital, estéreo.

ENTREVISTAS

ARTAXO, Vera. Local, 30 nov., 2002. Entrevista concedida, via e-mail, a Marcos Antônio Alexandre.

FAMÍLIA ALCÂNTARA. João Monlevade, MG, 10 jan., 2006. Entrevista concedida a Marcos Antônio Alexandre.

REDE GLOBO DE TELEVISÃO. Padre leva polêmica ao altar. 6 jun. 2006. Edição do Jornal da Globo 23:40 h.

SITES CONSULTADOS

http://brazilianmusic.com/aabc/literature/palmares/adao.html. Acesso em: dez. 2006.

http://www.mineiros-uai.com.br/ver.asp?codigo=2223&referer=catver.asp?id_cat=1__id_sub=4__id_div=0. Acesso em: dez. 2006.

http://mixbrasil.uol.com.br/mundomix/religiao/padre_pinto/padrepinto.asp. Acesso em: jan. 2006.

http://www.teatrovilavelha.com.br/blog/2005/09/estria-estria-estria-bakulo-os-bem_01.html. Acesso em: jun. 2006.

http://www.universodamulher.com.br/index.php?mod=mat&id_materia=4560. Acesso em: jan. 2007.

http://www.hemi.nyu.edu/por/seminar/usa/text/workgroups.shtml. Acesso em: jan. 2007.

11. ENTREVISTA COM MEMBROS DA FAMÍLIA ALCÂNTARA[1]

Entrevistados:
Cassimira Tomé Alcântara (Diretora de Artes Cênicas e escritora – escreveu duas peças com a história da família e compõe músicas que são gravadas pelo Coral);
Ivone de Fátima Alcântara (Diretora do Coral);
Pedro Antônio Alcântara (Maestro fundador do Coral e professor do grupo).

Entrevistador:
Marcos Antônio Alexandre

O surgimento do coral

– Na década de 60 (63 a 64) comecei a cantar na escola, depois na igreja, depois eu senti vontade de fazer um grupo, porque eu senti a necessidade das vozes e eu não as tinha. Eu conversei com papai e mamãe e nós cantávamos na igreja.

Mesmo dentro da igreja foi difícil por causa do preconceito, sempre que aparece uma coisa nova, as pessoas têm medo de perder o lugar. O objetivo meu não era esse, eu era apenas um.

No dia 13 de setembro de 1970, nós deixamos Caxambu e viemos para João Monlevade, mas eu sempre voltava para as festas e cantava com a minha prima, às vezes, com o meu pai e minha mãe.

Aqui no trabalho (em João Monlevade), na rua do aeroporto, eu escutava as freiras cantando na Igreja Nossa Senhora de Fátima, eu fui ouvindo, ouvindo e, um dia, eu resolvi andar por detrás da casa, já que eu era guarda-noturno, ninguém ia se importar comigo, pois estava uniformizado. Aí a maestrina ficou sendo a minha madrinha. O pessoal era holandês, espécie de missionários. Elas eram fortes e eu aprendi muito com elas. Comecei a aprender técnica para canto. Depois passei para o Coral Monlevade e fui crescendo, sempre com o apoio delas. Passei por Belo Horizonte, estudei com Marcos Tadeu também, no Palácio das Artes, depois fui para o Canadá e estudei bastante lá também, mas sempre em função da família. Tudo que eu aprendia lá era aplicado com a família, as músicas e as técnicas.

Influências

– Nós, negros, quase sempre temos as mesmas tendências. O canto espiritual negro eu aprendi com as holandesas. Eu era muito ousado, fazia solos espirituais. A própria condição negra tem isso, parece que aquilo é da gente.

A alma da gente é algo vivo e à medida que a gente presencia uma coisa muito bonita como a música, ela se manifesta logo e os cantos espirituais negros são muito tocantes. Aí atinge a alma facilmente, não gasta muita coisa, tem a música e a coisa da gente, associando a música e a pessoa da gente à interpretação. A alma capta as coisas longe: começa a cantar uma música negra, um canto espiritual negro, automaticamente, a gente vem com aquelas vozes diferentes e bonitas, como se fôssemos todos americanos, com a mesma tendência, a mesma fluência, que é a coisa própria do negro.

Repertório

– Congado, cantiga, música de roda. Cantos simples do congado foram adaptados para o coral. Música feita pelos negros. Aprendi muito com papai e a família vem de congadeiros e a gente vem com essa bagagem e a linguagem que é utilizada nos cortejos ou, mesmo, dentro da igreja na hora dos reinados. Tudo ficou com a gente. Fiz arranjos para o nosso coral.

Teatro

– Nossa família, toda vida, desde criança, fazíamos peças no terreiro aqui de nossa casa, montamos pequenas peças onde utilizamos os dialetos, fragmentos. Aí eu resolvi montar essa peça de teatro (História de nossas raízes I), *eu resolvi escrever com a família parte da história, mostrando como é, o que era as festas do congado. Na segunda peça,* História de nossas raízes II, *trabalhei a história do negro no Brasil, trabalhando já no Brasil, nas lavouras de café.*

Apresentamos, entre 1991 a 1996, no SESI Minas e em cidades do interior, no Big Shopping, no Francisco Nunes, no Centro Cultural da UFMG e no Teatro da Cidade.

Dialetos

– Há pedacinhos de dialetos que a gente põe nas músicas. Às vezes, não sabemos o que significa, pois os nossos antepassados só falavam.

– Vocês se preocupam em dar sentido a esses dialetos?

– Não, a gente tem isso desde criança, essa vivência, a gente tem a preocupação de não corrigir, ainda que sabemos que não é assim. Por exemplo, a gente fala: "Viva o nosso engandolê". A gente sabe que é "viva o nosso grande rei", mas não nos preocupamos em corrigir. Para que vamos mudar se a gente aprendeu assim?

Integrantes e raízes

– Hoje, somos 45 integrantes.

– Caxambu é um quilombo. Todo mês de junho, nós ficamos quinze dias lá. Minha mãe foi Rainha Conga Perpétua e meu pai foi Rei. Meu irmão Joaquim e eu (Cassimira), atualmente, somos [seus sucessores]. A família tem uma guarda: Família Alcântara Nossa Senhora do Rosário – Guarda da Família Alcântara do Quilombo do Caxambu (sem registro).

Memória

— A questão do resgate é importante; se nós tivéssemos recebido mais histórias de nossos ancestrais, nós teríamos mais coisas a passar.

As informações eram passadas através dos cantos, era tudo através do canto e de histórias. Fazíamos muito isso, ficar do lado do fogão a lenha contando histórias. A nossa conversa era o fogo.

Crianças / continuidade / sonhos

– Buscamos mostrar para eles como era a nossa infância. Meus filhos são os príncipes [no reinado], a gente continua a nossa história. Meu projeto é escrever um livro contando a história da família. Criar uma sede e um acervo [em Caxambu] para expandir a cultura – a história da família, as guardas do Congado, de todo o quilombo do Caxambu, onde todos trabalham na roça e há muitos adolescentes.

Projetos

– Uma sede, com o acervo da Família no Quilombo do Caxambu, onde há mais de mil pessoas que trabalham na roça, muitos adolescentes. Com isso vamos expandir a cultura, a história da família e de todo o Quilombro do Caxambu.

– Fazer outros filmes com a nossa cultura, seguir contando a nossa história através do teatro.

– Eu gostaria que a nossa cultura fosse amparada socialmente como acontece com o Olodum, na Bahia, por exemplo.

– Abrir horizontes, trabalhar as nossas raízes. A cultura não é ensinada na escola. Eu gostaria de juntar todos os negros e fazer o Caxambu cantar pelo menos três músicas.

Vó Nena

– Saudades.

– Era uma pessoa presente, gostava de cantar. Normalmente, as pessoas mais velhas vão perdendo a voz, que vai envelhecendo, criando um certo chiado. Com ela não aconteceu nada disso. Era soprano e fazia exercícios com as netas.

– Temos que aprender a conviver com essa perda. Falta de ensinamento por parte dela não teve. Só não aprendeu quem não quis.

– Foi uma perda muito grande para nós. Ela nos deixou um legado, que é a nossa união. Nós guardamos tudo que nos passou. Nós não passamos um dia sem falar: "Como dizia mamãe"...

Nota:

1 Entrevista concedida em janeiro de 2006, em João Monlevade, na casa-sede de um dos membros dos Alcântaras. Foram transcritos os trechos, extraídos de uma gravação em VHS, considerados mais relevantes para este trabalho, sendo realizados alguns cortes e feitas algumas adaptações para facilitar o entendimento da temática discutida.

Posfácio

SABERES NEGROS: OS ARGUMENTOS DO CORPO INVISÍVEL

O livro que aqui finda apresenta o debruçar-se de um conjunto de autores que, por experiência pessoal e acadêmica, dedicaram seus esforços a refletir, teorizar e, por vezes, poetizar e fazer história sobre as formas de manifestação, com ênfase no performático, da cultura afrodescendente no Brasil. Das mãos lavadeiras que eram capazes de escrever listas de mantimentos e a poesia do cotidiano – o ponto fundacional da escrita de Conceição Evaristo, esclarecido por Eduardo de Assis Duarte – até o impecável e instigante escrito teórico de Zeca Ligiéro, que deixa uma chave de leitura da arte brasileira do século XX de grande produtividade –, em quase todos os escritos deste belo livro encontro a percepção de saberes ocultos, secretos, a percepção de uma imensa cultura silenciosa (para aproveitar a expressão utilizada por Anízio Viana), cujas profundezas só podemos vislumbrar como um enigma que chama a ser desvendado. Silenciosa e oculta, sim, mas que é gritante em sua significação, precisamente pelo efeito da ausência nos paradigmas nacionais. Como pensar o Brasil sem a cultura afrodescendente? E, de outra perspectiva, podemos pensar um futuro, a comunidade vindoura, sem entender a cultura afro-brasileira como um dos vetores essenciais e definidoras da nação? Como afirma Adélcio de Sousa Cruz, alteridade seria outro dos nomes da ignorância e do recôndito:

> A afro brasilidade manifesta sua alteridade, pois mesmo quando se denomina uma produção artística de "brasileira", apenas, percebemos que ocultamos mais do que buscamos conhecer dentre as características que fazem parte de nossa cultura. Já sabemos de antemão que fazer tal afirmativa – esse "nós" – implica demarcar espaço, "imaginar uma comunidade". A intenção aqui não é bem esta que parece se apresentar, pois este breve ensaio procura ousar um pouco mais: revelar os "rastros/resíduos" de culturas

> que o adjetivo "brasileiro" oculta e silencia por trás de sua pretensa cordialidade (p. 120).

Anízio Viana se vale do conceito de Edimilson de Almeida de literatura silenciosa para recolocar uma das questões seminais sobre o assunto discutido no livro e que provoca desdobramentos interessantes: uma literatura silenciosa seria aquela que cresce à margem do cânone e não nutre nenhum desejo de diálogo com as instâncias legitimadoras. Eis aqui o ponto: como fazer circular, entrar em diálogo com outras instâncias artísticas, políticas e sociais da comunidade e, especialmente, como criar trilhas onde a legitimação das culturas afrodescendentes se produza a partir de outros requerimentos que não os que transitam de cima para baixo, via instituições que, como sabemos, não são nem inclusivas nem têm vocação para contribuir com uma política da diversidade?

Embora seja citado Stuart Hall por duas vezes no livro, numa frase na qual afirma que é um fato comprovado a exclusão da cultura popular negra da corrente cultural hegemônica, parece-me legítimo colocar uma pergunta que, de acordo com minha leitura, está, de alguma forma, respondida ao longo do livro, de diversas maneiras: será que no Brasil isso é, também, um fato? Que acontece se nos apropriamos da reflexão que neste mesmo livro, e de forma brilhante, diga-se de passagem, faz Zeca Ligiéro, demonstrando como os maiores artistas brasileiros do século XX foram beber e se instruir na cultura negra para produzir suas mais cultuadas obras, aquelas que lhes deram protagonismo nacional e internacional? E não só na temática – o que seria uma constatação banal –, mas também e especialmente nos procedimentos, nas formas e estruturas. Tratar-se-ia, melhor, de um não reconhecimento antes que de exclusão, já que, por pouco que se analisem as manifestações culturais de sociedades com ancestrais africanos, é evidente a importância decisiva que a cultura negra tem na própria constituição de toda e qualquer formação, seja do campo artístico, político, religioso e até científico.

O segredo aparece como opacidade, o irredutível das culturas acaba se revelando como ponto cego, como propõe Jussara Santos, quando, a propósito da poética de Edimilson de Almeida Pereira, afirma, citando Edouard Glissant, que o poeta "parece saber do algo irredutível das culturas com as quais dialoga, assim como se sabe integrante delas" e que isso implicaria uma ruptura com as pretensões de reduzir uma cultura a definições, a explicações causalistas e racionalizadoras, sempre com o álibi de a estar compreendendo. Quer dizer que aceitar que toda cultura tem o grão da opacidade constitutiva é um passo em direção a construir uma comunidade da diversidade: a imensa disseminação da diferença não pode ser enquadrada em moldes explicativos que são, por natureza, reducionistas. E o desafio é, precisamente, trabalhar com a opacidade sem tentar ocultá-la, sem diminuí-la, sem traí-la.

Evidência de repetição, certeza de invenção

Em *The Scarlet Letter,* Nathaniel Hawthorne afirma que os fundadores de uma nova colônia, quaisquer que tenham sido os sonhos de virtude e felicidade que presidiram seu projeto, consideraram sempre, entre as coisas mais necessárias, dedicar a um cemitério uma parte do terreno virgem, reservando outra para edificar uma prisão. A morte de todos e a clausura dos indesejáveis são, pois, duas expectativas do real que tomariam lugar no imaginário de fundação da *polis,* em todo tempo e lugar. Temos assim, desde o início, uma naturalização da lei e o direito que se impõem à experiência dos limites do corpo e que imprime como legal o privilégio permanente e constitutivo de uns sobre outros. Todas as dificuldades ou impossibilidades de a lei ser cumprida estão previstas nas regulamentações que surgem ao longo do convívio dos membros da comunidade, assim como assentadas em restrições claras – orais ou escritas – que são as nuances que regulam a hierarquia de direitos e deveres, justificada pela organização dita civilizadora. Participar da fundação de uma nova colônia é um ato performativo por excelência e a narração desse ato depende de muitos fatores e situações; existem sempre vários estratos do verossímil e do verdadeiro, do legal e do clandestino, dependendo dos graus de legitimidade que detêm os portadores da voz que narra e, ao narrar com eficácia, inicia-se o domínio mediante os paradigmas que se tornam hegemônicos. Os patamares de aceitação das narrativas estão contidos na faixa que vai desde a opção de elas serem escutadas ou lidas como devaneios e fantasias que se apóiam em personagens e fatos que podem ter tido existência da forma em que a tradição *silenciosa* afirma, até serem inscritas como normas naturalizadas de tipo oficial ou pedagógico (para usar a conhecida classificação de Bhabha) com funções específicas de pacificação geral, autoridade social e todos os matizes baseados nos interesses econômicos e no exercício do poder político. Todo direito se funda e se conserva pela força, particularmente a que se pratica sobre o imaginário. E é essa a dinâmica da invenção das tradições.

Pensar a opacidade da cultura leva necessariamente a uma reflexão sobre a memória, em nosso caso, a partir da crítica literária, aqui proposta como uma verdadeira militância vista tanto possível quanto necessária e, de certo modo, fácil de empreender, visto o espaço enorme que o tema ocupa na literatura contemporânea e nos territórios de fronteira, entre a literatura e o performático. O debate que se instala parece tentar dar resposta a outra velha pergunta: "É possível compreender os vínculos da arte com a política sem reducionismos, destrinchar os condicionamentos entre o ficcional e o real"?

Florentina Souza (p. 30) põe o dedo na chaga quando, estudando comunidades afrodescendentes no Brasil, encontra os paradoxos e problemas envolvidos numa práxis e uma teoria sobre o tema. Estudando a música e a dança de jovens que se reúnem em Salvador nos ensaios dos blocos afros e partilham músicas que não são tocadas nas rádios, apesar de circularem intensamente entre esses jovens, a pesquisadora descobre que, junto com as canções, disseminam-se, também, informações históricas sobre outros territórios e tempos (Egito, Abissínia, Angola) e que nessas trajetórias, nesse mar de narrativas errantes, os elementos que servem de caldo de cultura podem ser, e são, mito e história, experiência e criação que se potenciam com discursos identitários "mesmo que ainda não tenham produzido os deslocamentos nas relações de poder que muitos de nós desejamos". Ou, ainda, assinala a prospecção em relação ao futuro e à militância clara, o que deixa em evidência o mencionado paradoxo. Por que, *ainda,* a arte, no caso, performática, popular, compartilhada e revitalizada pelos jovens, não consegue introduzir mudanças sociais? Qual o papel da arte e da *performance* artística, então? Qual sua eficácia no desenvolver da sociedade contemporânea na qual o ideológico parece ter sido já desvendado, falado, explicado, descartado. Se os mais importantes nós da questão social já foram postos em evidência, por que a demora em se produzir a mudança almejada?

Embora nossa época seja caracterizada, geralmente, como sem memória, um momento histórico em que o que se vê é a indústria cultural e o redemoinho do presente desprovido de lastre, o rebaixamento do passado como parte integrante, relevante e nítida da constituição das identidades, por outro lado, observa-se uma corrida ao tema – na arte em geral, na literatura e na *performance* em particular, no caso da reflexão desenvolvida neste livro. E não só se trata de uma ida acadêmica e investigativa ao tema, também se enxerga uma procura íntima, quase de testemunho, de ir à procura de respostas e inspiração no que a própria biografia entrega, como é o caso tanto de Conceição Evaristo quanto de Marcos Alexandre, que se voltam para lugares considerados próprios, de alguma forma originários de suas próprias histórias de vida para daí emergirem com uma proposta que produza a desejada ruptura da unanimidade do discurso compreensivo, oficial. São respostas possíveis à aporia a que nos referíamos antes. Por um lado, o mais óbvio, seria relacionar o aumento das preocupações com o tema da memória com uma forma de resistência à desmemória, como uma espécie de resgate do que ainda resta. Por outro lado, menos óbvio, seria levantar hipóteses sobre a natureza dessa desmemória, que, não sendo uma carência, poderia vir a ser uma nova forma de exercer a velha memória, pasma e imobilizada ainda com a desmistificação da História como guarda da verdade sobre o passado. Uma terceira maneira de reagir à aporia, e a que nos interessa mais aqui, é a que, abandonando práticas tradicionais relacionadas com uma historiografia já extenuada, relaciona a memória com o corpo e a *performance* e busca nesse território certas chaves do que ainda perdura: tudo o que de variadas formas é recalcado, tanto no âmbito pessoal quanto no coletivo, volta ou permanece submergido, tende, no entanto, à repetição potenciada, como grande parte da filosofia ocidental tem destacado de forma continuada, como se pode notar no pensamento ligado à psicanálise, que fez dessa característica um dos postulados mais instigantes de sua construção, no *body art* e nas variadas formas performáticas da arte contemporânea, no neomarxismo que indaga o homem e a mulher imersos em suas práticas culturais, especialmente as relacionadas com o trabalho e a sobrevivência e, finalmente, no legado pós-moderno que se caracteriza, particularmente, pelo protagonismo que a diferença e a alteridade assumem como conceitos-chave do pensamento contemporâneo.

As mais recentes tendências culturais, como o pós-colonialismo, o pensamento pós-nacional, o transnacional e as teorias sobre globalização, coincidem na tentativa de articulação de formas do coletivo que pressupõem a ruptura da nação-estado como garantia de identificação comunitária. O "nós" resultante só passa a ser possível de ser pensado a partir das margens e dos interstícios do que conhecemos como nação. Aí, onde tradicionalmente o espaço da nação se define a si mesmo em termos de uma série de exclusões, esses mesmos espaços culturais excluídos constroem contranarrativas que desafiam a homogeneidade dos relatos tradicionais.

A pergunta que fica em aberto é sobre a possibilidade de produzir textos culturais, performáticos e literários não metropolitanos que sejam produtivos apesar de elaborados fora dos paradigmas, aparentemente obrigatórios, impostos pelas sociedades centrais e das elites locais. Produtividade que possa partir não de um regime meramente de oposição e contestatório, que se limita a respostas duras ou consensuais, mas sempre marcadas pela agenda proposta pelo centro. O desafio aqui proposto é o de elaborar um pensamento não essencialista de comunidade baseado num relacionamento ético com o outro e urgido pela exigência política de um "nós" protéico que não se submete a obrigações de compreensão que pretendam a visibilidade total; pelo contrário, a procura é por um pensar que aceite a opacidade e saiba lidar com o irredutível.

Na verdade, o que fica como tarefa a realizar para nós, leitores interessados na questão dos processos de reconhecimento e legitimação das diferenças – neste caso, as culturas afrodescendentes –, é que a operação de ler – e a crítica cultural é uma forma especial de leitura – é e deveria ser um exercício permanente de desarraigamento e de errância que obrigue, primeiro, a identificar os processos que pretendem consolidar origens e identidades fixas para, logo após, fazer possível uma leitura da singularidade, não classificada de antemão, dos textos – em sentido amplo – da arte.

Graciela Ravetti
Professora Associada
UFMG/CNPq

Sobre os Autores

Adélcio de Sousa Cruz é Mestre em Letras pela Universidade Federal de Minas Gerais (UFMG), com o trabalho *Lima Barreto: a identidade étnica como dilema* e atualmente é bolsista do CNPq, cursando o doutorado em Literatura Comparada no Pós-Lit/Letras/UFMG. Músico autodidata e compositor, viveu durante um ano no Japão, logo após graduar-se em Língua Inglesa (licenciatura), também pela UFMG. A trajetória de pesquisa acadêmica foi marcada por sua passagem pelo Grupo Interdisciplinar de Estudos Afro-Brasileiros (GIEAB), durante seu período de graduação na FALE/UFMG. O grupo era composto e coordenado por estudantes dos cursos de Letras, Pedagogia, Psicologia, dentre outros. Ele é um dos membros fundadores do Núcleo de Estudos Interdisciplinares da Alteridade (NEIA da UFMG), núcleo que abarcou o antigo GIEAB, bem como todo o seu acervo bibliográfico. O pesquisador possui trabalhos publicados nos anais de congressos da ABRALIC, Seminário Nacional/Internacional Mulher e Literatura e no *Suplemento Literário* (MG).

Anízio Viana é poeta, músico e professor. É formado em Letras pela UFMG, onde também concluiu o Mestrado em *Teoria da Literatura*, pelo Programa de Pós-Graduação em Letras da Faculdade de Letras. Estreou na literatura com o livro de poesias *Dublê de anjo* (1996), agraciado com o prêmio "Cidade Belo Horizonte de Poesia", um dos mais importantes do país, e sobre o qual manifestou o filósofo Rui Rothe-Neves, professor da Faculdade de Filosofia e Ciências Humanas da UFMG: "Não se trata apenas de um belo livro de cunho intimista, merecedor do Prêmio Nacional de Poesia Cidade de Belo Horizonte, de 1996. É algo mais: um livro que apresenta resultados interessantes da pesquisa de como fazer saltar (nu) de novo esse centauro que é a poesia". Aliando sua atenção à realidade que o cerca, desde outubro de 2005, vem fazendo um novo tipo de experiência com sua arte, por intermédio da utilização de um *blog* (http://escrevoaovivo.zip.net) para divulgar seus poemas elaborados a partir de notícias de jornais. Outros livros do autor: *Itinerário do amor urbano* (1998) e *Desalarmes, Escritos de Paz* (2006).

Conceição Evaristo é escritora e ensaísta. Mineira, radicada no Rio de Janeiro desde os anos 70, é Mestre em Literatura Brasileira, pela Pontifícia Universidade Católica (PUC) do Rio de Janiero, e Doutoranda em Literatura Comparada, pela Universidade Federal Fluminense, na qual investiga pontos de diálogo entre a literatura brasileira afrodescendente e as literaturas africanas de língua portuguesa. Estreou na literatura em 1990, quando passou a publicar seus contos e poemas na série *Cadernos Negros* – antologia editada anualmente pelo *Quilombhoje*, de São Paulo, grupo de escritores afrodescendentes reunidos desde 1978. A partir de então, seus textos vêm obtendo cada vez mais leitores. A escritora participa de publicações na Alemanha, como *Schwarze prosa* e *Schwarze poesie* (1993); Inglaterra, *Moving beyond boundaries: international dimension of black women's writing* (1995); e Estados Unidos, pelas antologias *Finally Us: contemporary black brazilian women writers* (1995) e *Callaloo*, vol. 18 (1995). Posteriormente surgiu a antologia americana, *Fourteen female voices from Brazil* (2002), que reúne contos de quatorze escritoras brasileiras. Estão presentes na obra: Nélida Piñon, Lygia Fagundes Telles, Sonia Coutinho, Helena Parente Cunha e outras. Conceição Evaristo, Miriam Alves e Esmeralda Ribeiro são as três afrodescendentes que tiveram seus contos publicados na referida antologia. Recentemente, teve seu conto "Ana Davenga" incluído na antologia bilíngüe português/inglês, *Women righting – Afro-brazilian Women's short fiction,* publicada na Inglaterra, em 2005. A sua primeira obra individual é o romance *Ponciá Vicêncio*, (Belo Horizonte, Mazza Edições, 2003, com 2ª edição em 2005) e *Becos da Memória*, (Mazza Edições, 2006). O romance *Ponciá Vicêncio* é um dos livros selecionado para o vestibular de 2007 da UFMG, e foi traduzido para a língua inglesa, pela Host Publications, Texas, e com lançamento previsto em Nova Iorque, para o corrente ano. Conceição Evaristo esteve como palestrante, em 1966, nas cidades de Viena e Salzburgo/Áustria falando sobre Literatura afro-brasileira. Em 2000, participou como palestrante na *7h Internacional Caribbean Women Writers and Scholars*, Maygüez, Porto Rico. Em novembro de 2003, esteve a convite da Host Plublications, nas universidades *Yale University*, na *Columbia University e Americas Society*, em Nova Iorque, falando sobre sua produção. Em fevereiro de 2005, esteve como palestrante em Havana/Cuba na "*14 Feira Internacional del Libro de La Habana*" em um encontro com escritores afro-cubanos. A autora tem tido participação constante em seminários da ABRALIC, assim como nos seminários MULHER E LITERATURA e outros propostos pelos cursos de Letras e também pelos Cursos de Educação. Sua presença tem sido também marcante nos movimentos sociais, notadamente nos que se relacionam com a luta dos afrodescendentes e também vem se apresentando em vários eventos, contando histórias de sua própria autoria, assim como de outros(as) autores(as), buscando inspirar-se na oralidade da cultura afro-brasileira.

Denise Mancebo Zenicola é preparadora corporal de teatro, coreógrafa, diretora e pesquisadora. Doutora em Teatro pela UNIRIO, desenvolve trabalhos na área de pesquisa em dança desde 1980 e, na teatral, desde 1995, com destaque para os espetáculos *Não Alimente os Animais* (1998, Rio de Janeiro), vencedor do XVII Concurso do Conselho da Dança e "Tempos" (1997, Distrito Federal), vencedor dos prêmios Montagem-Ministério da Cultura e Caixa Econômica Federal, Prêmio Aluísio Batata e Prêmio Revelação no *Tercer Concurso de la Danza*, México. Coreografou e dirigiu mais de 40 criações para dança e teatro, trabalhou junto com diretores como Murilo Eckart, Miquéias Paz, Liliane Rimoli, André Amaro, Plínio Mosca, Celso Araújo, Adriano e Fernando Guimarães, Joãozinho Trinta (Ópera *O Guarani*) em Brasília e, no Rio de Janeiro, Zeca Ligiéro, Elza Andrade, Anja Bitencourt, Sebastião Lemos e Ivana Leblon. Leciona na Universidade Estácio de Sá (Rio de Janeiro), no Curso de Interpretação Cênica, onde é professora de Expressão Corporal e Corpo e Movimento desde 1998, além de já ter lecionado na Universidade Gama Filho, teatro para a UNATI. Tem vários de seus artigos e ensaios publicados nas mais renomadas revistas da área artística, como a *Revista Percevejo*, de circulação Nacional, e publicou, em co-autoria com Zeca Ligiéro, o livro *Performance afro-ameríndia* (2007).

Eduardo de Assis Duarte é doutor em Letras pela USP, é professor de Literatura na UFMG, onde coordena o Núcleo de Estudos Interdisciplinares da Alteridade (NEIA). Cumpriu programas de Pós-doutorado na Universidade de Campinas e na Universidade Federal Fluminense.

Coordena o projeto integrado de pesquisa *Afrodescendências: raça/ etnia na cultura brasileira*, apoiado pelo CNPq, com a participação de pesquisadores de diversas universidades do Brasil e do exterior. Publicou, entre outros, *Jorge Amado: romance em tempo de utopia* (2. ed., 1996), *Literatura, política, identidades* (2005) e *Machado de Assis afro-descendente: escritos de caramujo* (2007).

Florentina da Silva Souza possui graduação em Letras Vernáculas com estrangeira, Licenciatura pela Universidade Federal da Bahia (1979), graduação em Letras Vernáculas com Bacharelado pela Universidade Federal da Bahia (UFBA), em 1978, mestrado em Letras pela Universidade Federal da Paraíba (1985) e doutorado em Estudos Literários pela Universidade Federal de Minas Gerais (2000). Atualmente, é professora adjunta de Literatura Brasileira na Graduação e na Pós-Graduação do Instituto de Letras da UFBA, pesquisadora do Centro de Estudos Afro-Orientais (CEAO) e professora da Pós-Graduação em Estudos Étnicos e Africanos do CEAO-UFBA. Tem experiência na área de Letras, com ênfase em Literatura Brasileira e Literatura Comparada, atuando principalmente nos seguintes temas: afrodescendência, identidade cultural, literatura afro-brasileira, literatura brasileira e cultura brasileira. Publicou, em 2005, o livro *Afro-descendência em Cadernos Negros* e Jornal do MNU.

Jussara Santos é formada em Letras pela UFMG. Mestre e Doutora em Literaturas de língua portuguesa pela Pontifícia Universidade Católica de Minas Gerais. Poeta e contista, tem trabalhos literários publicados na *Revista Literária do Corpo Discente da UFMG*, na Revista Eletrônica *Etcetera* e nas coletâneas de poesia e prosa do Projeto "A Tela e o Texto", da UFMG. Autora do livro de contos *De flores artificiais*, publicado em 2002, e do livro *Com Afago e Margaridas*, publicado em 2006, pela Editora Quarto Setor. Ganhou, no ano de 2005, juntamente com outros três poetas mineiros, o Prêmio BDMG-CULTURAL DE LITERATURA-POESIA, que resultou na coletânea *Minas em Mim*. É professora de Literatura e de Língua Portuguesa.

Marcos Antônio Alexandre é licenciado em Letras pela Faculdade de Letras da UFMG, onde concluiu o Mestrado em Teoria da Literatura, em 1998, e o Doutorado em Literatura Comparada, em 2004. Desde 1999, faz parte do corpo docente da Faculdade de Letras da UFMG, lecionando disciplinas de língua e literaturas hispânicas, na habilitação em Espanhol, e, a partir de 2005, cursos na Pós-Graduação em Estudos Literários. Atua também no curso de Teatro da Escola de Belas Artes, dando aulas sobre História do Teatro e da Literatura. Integra o Grupo de Teatro Mayombe, desde sua fundação, em 1996, participando como ator das seguintes montagens: *Cinema Utoppia* (1995-1996), *El Continente Negro* (1996-1997), *Saga Real* (1997), *Fluxo Invertido* (1998-1999), *Por um Reino* (2000), *Nossosnuestrosmitos – Primeiro Estudo* (2002), *Nossosnuestrosmitos – Segundo Estudo* (2003-2004), *O Julgamento de Don Juan* (2005) e *Por esta porta estar fechada, as outras tiveram que se abrir* (2007). Participa do projeto integrado de pesquisa *Afrodescendências: raça/etnia na cultura brasileira*, apoiado pelo CNPq, com a participação de pesquisadores de diversas universidades do Brasil, assim como dos seguintes grupos de pesquisas também apoiados pelo CNPq: "Intermídia: núcleo de estudos sobre a Intermidialidade", "NELAM – Núcleo de Estudos Latino-americanos" e "NELAP – Núcleo de Estudos de Letras e Artes Performáticas". Publicou artigos sobre literatura, teatro e teoria literária em revistas especializadas, capítulos de livros e os livros *Por um reino. Teoria e prática teatral*, em co-autoria com Sara Rojo (2000), e *Antologia teatral da latinidade: César Brie, Juan Radrigán, Ramón Griffero e Michel Azama*, em co-autoria com Maria Lúcia Jacob Dias de Barros e Sara Rojo (2007). Também, em co-autoria com outros professores da Faculdade de Letras, organizou o volume 7 da Revista *Aletria – Revista de Estudos de Literatura: Teatro e Crítica Teatral* (2000), o livro *Gênero e representação em literatura de línguas românicas* (2002), o volume 9 da Revista *Em Tese* (2005) e os volumes 4, 5, 6, 7, 8, 9, 10, 11 e 12 da *Caligrama – Revista de Estudos Românicos* (1999-2007).

Zeca Ligiéro é Ph.D. em Estudo da Performance pela New York University. Profere palestras sobre cultura popular nas principais universidades do Brasil, bem como cursos na Universidade de Salamanca (Espanha) e na Yale University (USA). Na UNIRIO, coordena o Programa de Pós-Graduação em Teatro e o Núcleo de Estudos das Performances Afro-Ameríndias (NEPAA). Dirige peças e *performances* ao longo de mais de vinte anos de carreira e tem trabalhos artísticos interativos e DVD's apresentados em mostras internacionais. Dentre os seus livros, destacam-se: *Teatro e comunidade: uma experiência* (1982), *Iniciação ao candomblé* (1993), *Umbanda: paz, liberdade e cura* (1998), *Iniciação à umbanda* (2000), *Teatro a partir da comunidade* (2003), *Malandro Divino: a vida e a lenda de Zé Pelintra, personagem mítico da Lapa carioca* (2004), *Carmen Miranda: uma performance afro-brasileira* e, em co-autoria com Denise Zenicola, *Performance afro-ameríndia* (2007).

Zoraide Portela Silva é Mestre em Teoria da Literatura pela Faculdade de Letras da UFMG, onde defendeu dissertação sobre um poeta baiano, intitulada *A poesia quilombola de José Carlos Limeira*. Professora assistente de Teoria da Literatura na Universidade do Estado da Bahia-(UNEB), Campus VI, onde fundou, juntamente com outros professores, a Câmara de Estudos Afro-brasileiros do Sertão Baiano (CIEASB) cujo objetivo é criar um espaço no meio acadêmico para estudo, discussão, reflexão e divulgação da produção textual afro-brasileira. É pesquisadora do CNPq no Grupo de Pesquisa Cultura, Sociedade e Linguagem (GPCSL), pela mesma universidade. Além disso, atua como membro auxiliar no projeto de pesquisa, da UFMG, Afrodescendência: raça/etnia na cultura Brasileira, coordenado pelo Prof. Dr. Eduardo de Assis Duarte. Tem desenvolvido estudos sobre os seguintes temas: identidade cultural, literatura afro-brasileira, afrodescendência e cultura brasileira. Publicou artigos, ensaios, entrevistas, verbetes para enciclopédias e revistas especializadas nacionais.

Este livro foi impresso em papel Offset $75g/m^2$ (miolo) e Cartão Royal 250 g/m^2 (capa), na primavera de dois mil e sete.